Small Activity Book for Kids

SHEBA BLAKE PUBLISHING CORP.
BROOKLYN NY

FIND THE RIGHT WAY

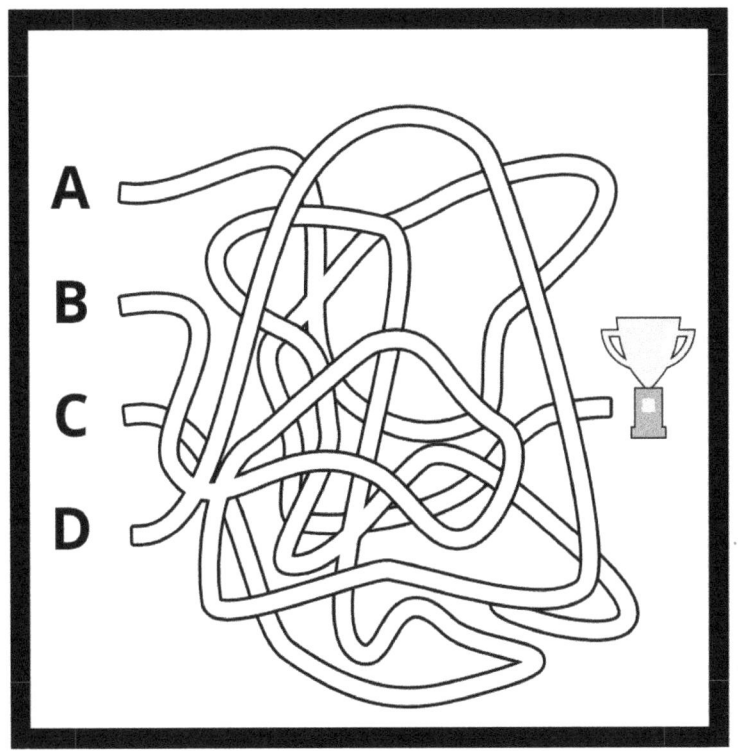

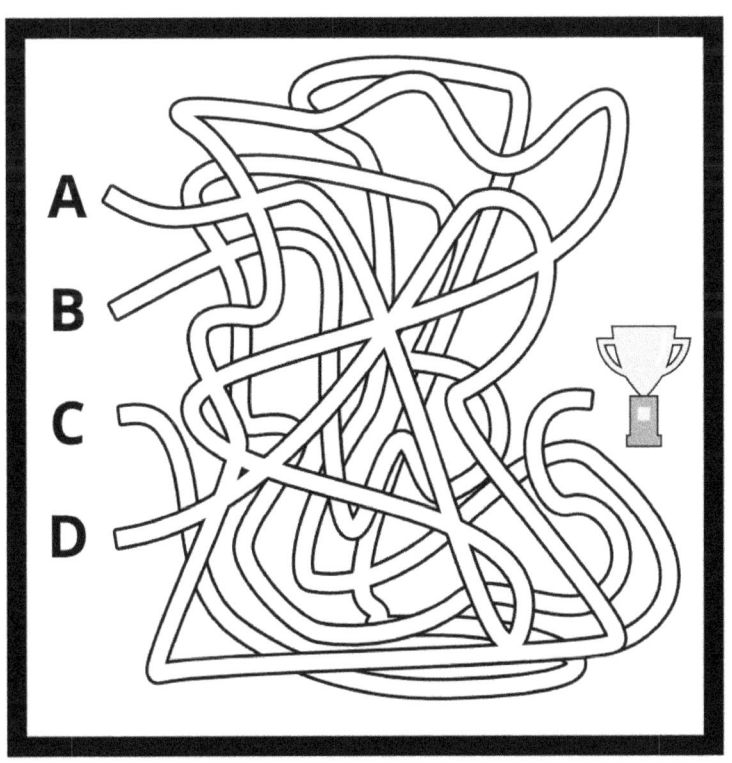

FIND THE RIGHT WAY

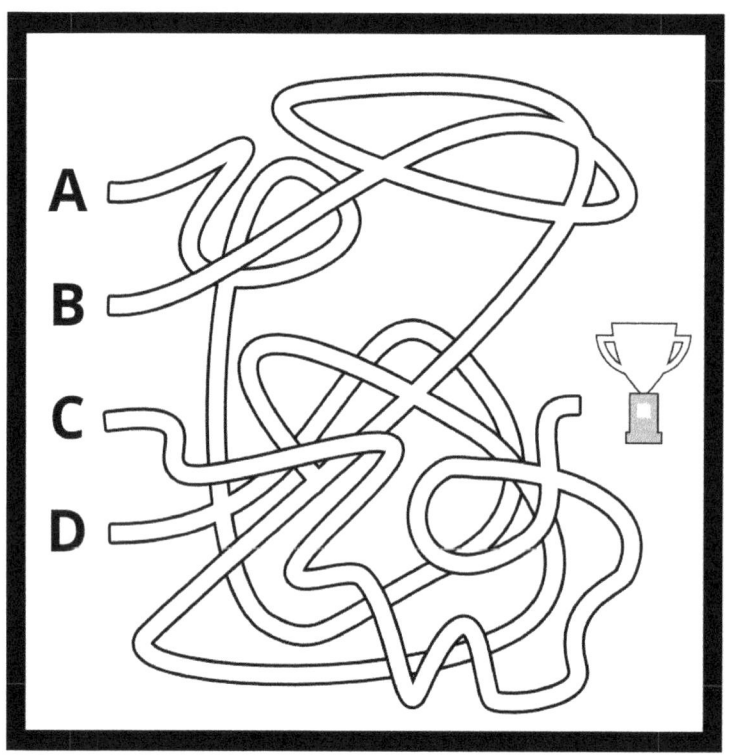

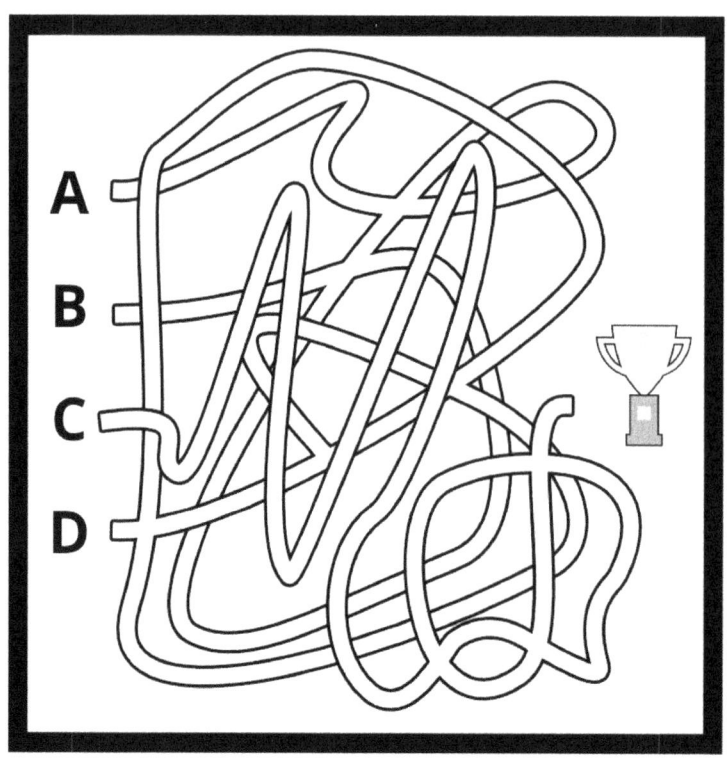

FIND THE RIGHT WAY

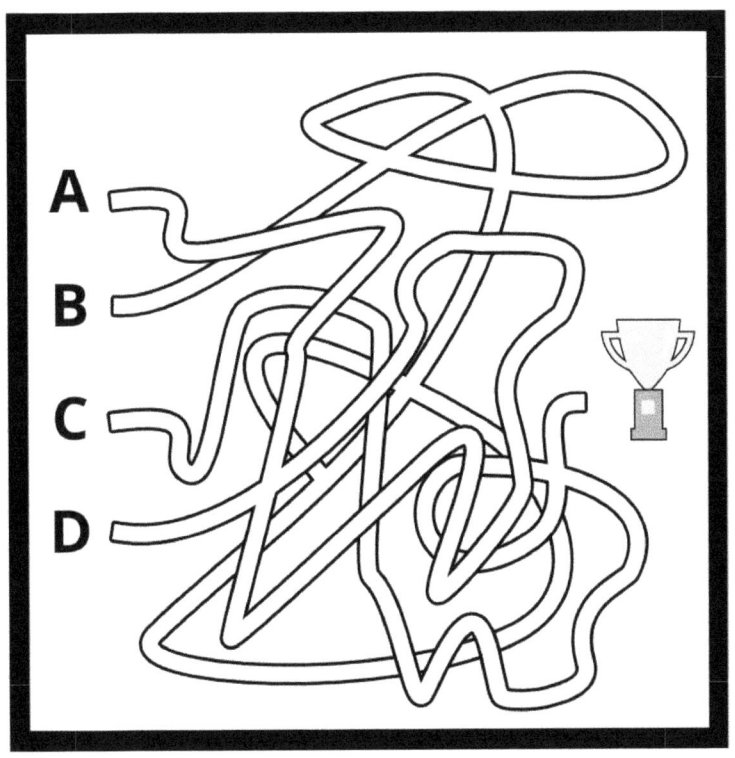

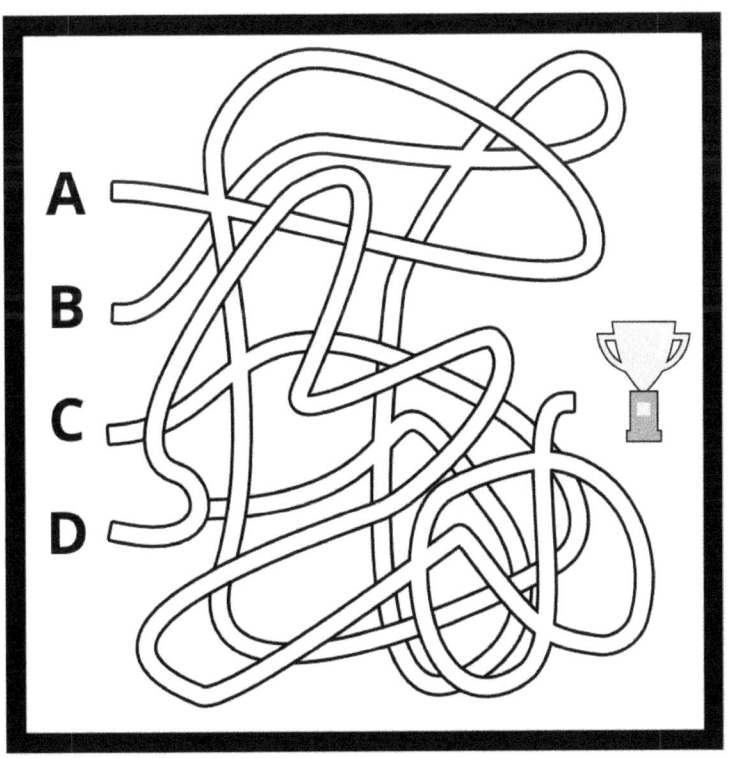

FIND THE RIGHT WAY

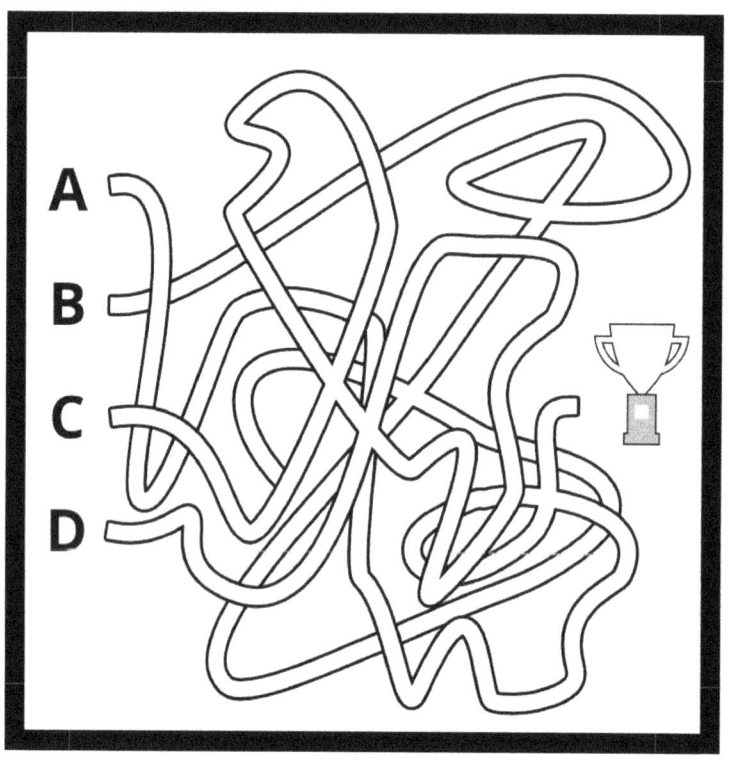

FIND THE RIGHT WAY

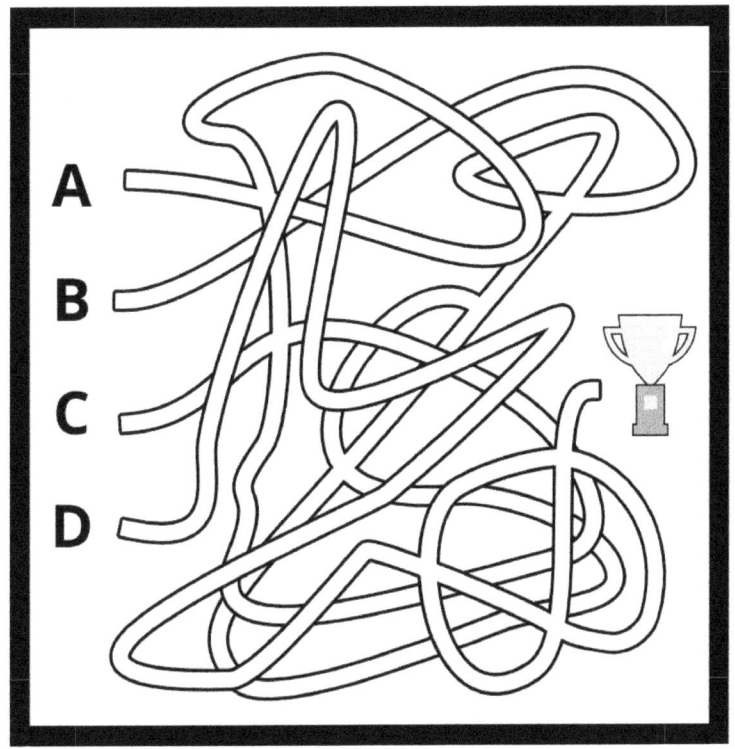

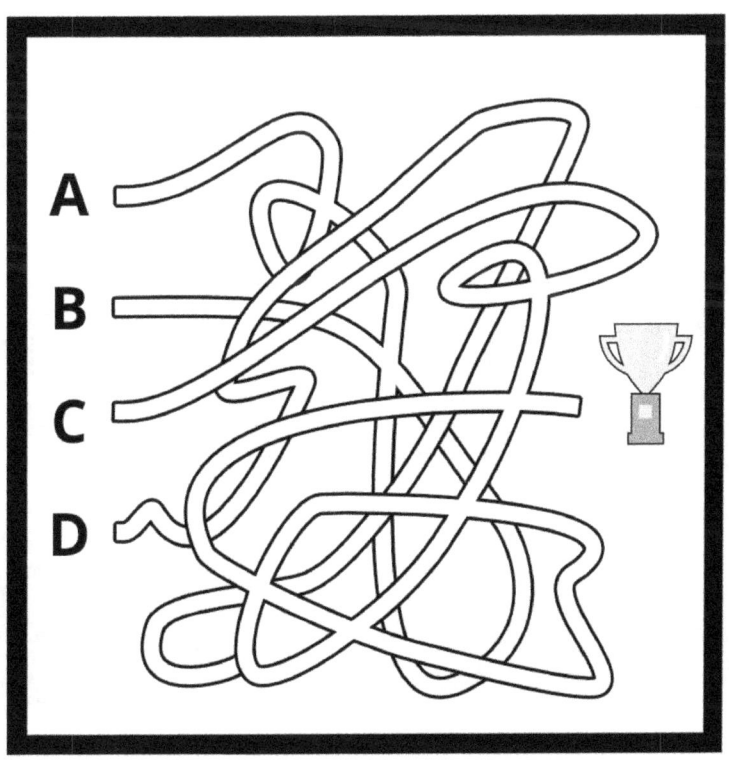

FIND THE SINGLE ONE

FIND THE SINGLE ONE

FIND THE SINGLE ONE

FIND THE SINGLE ONE

FIND THE SINGLE ONE

FIND THE SINGLE ONE

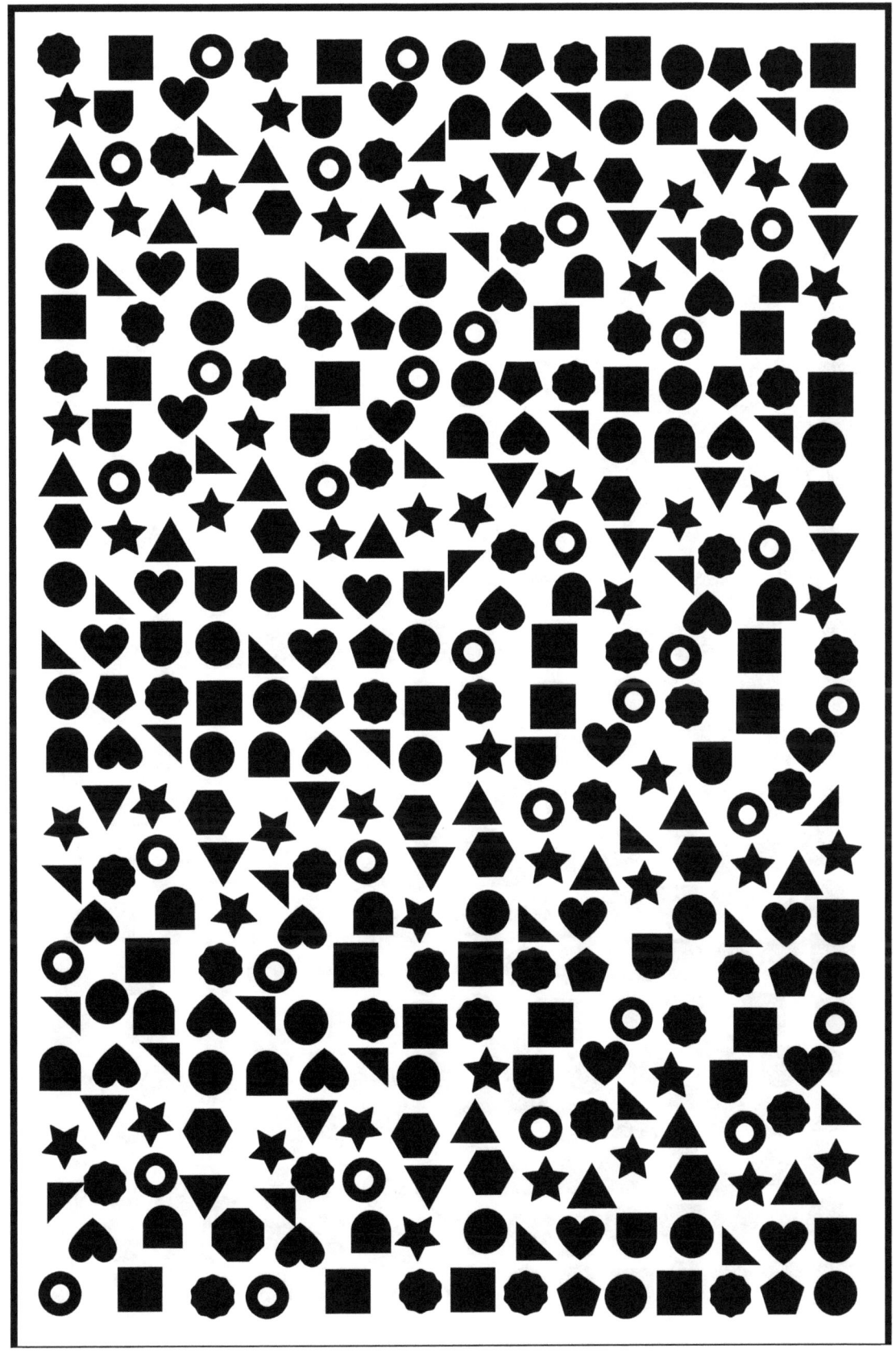

FIND THE SINGLE ONE

FOUR IN A ROW

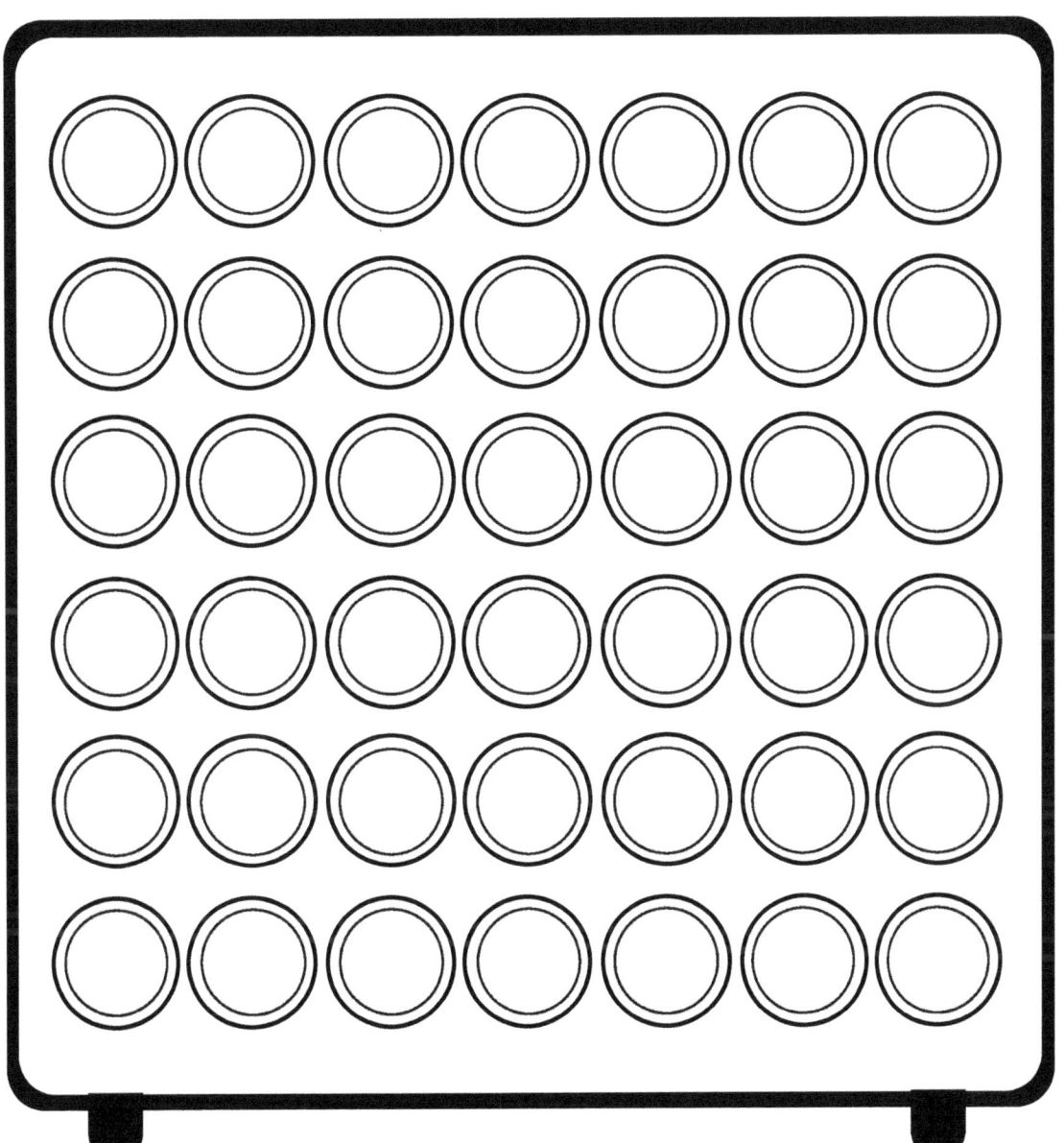

FOUR IN A ROW

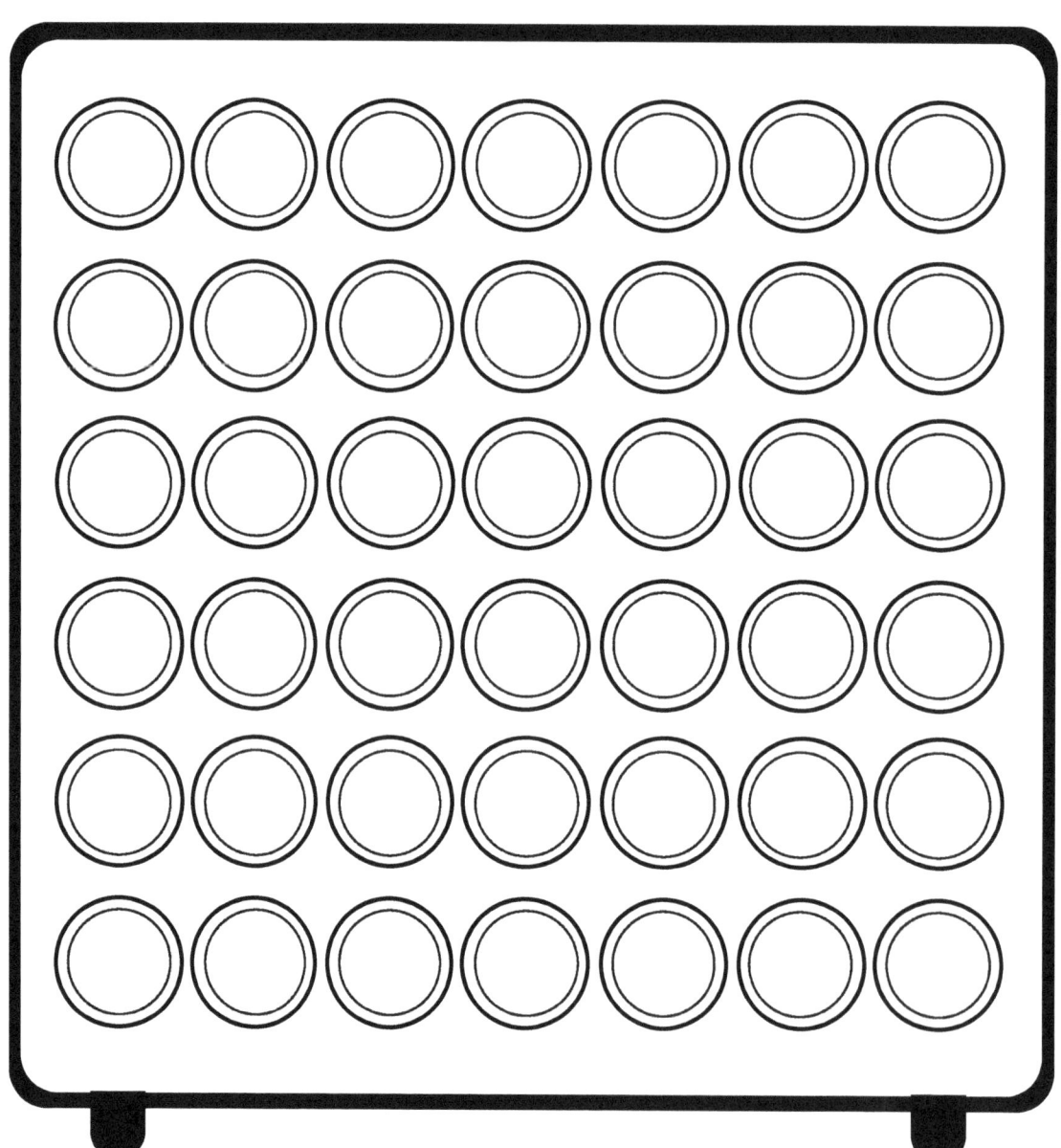

FOUR IN A ROW

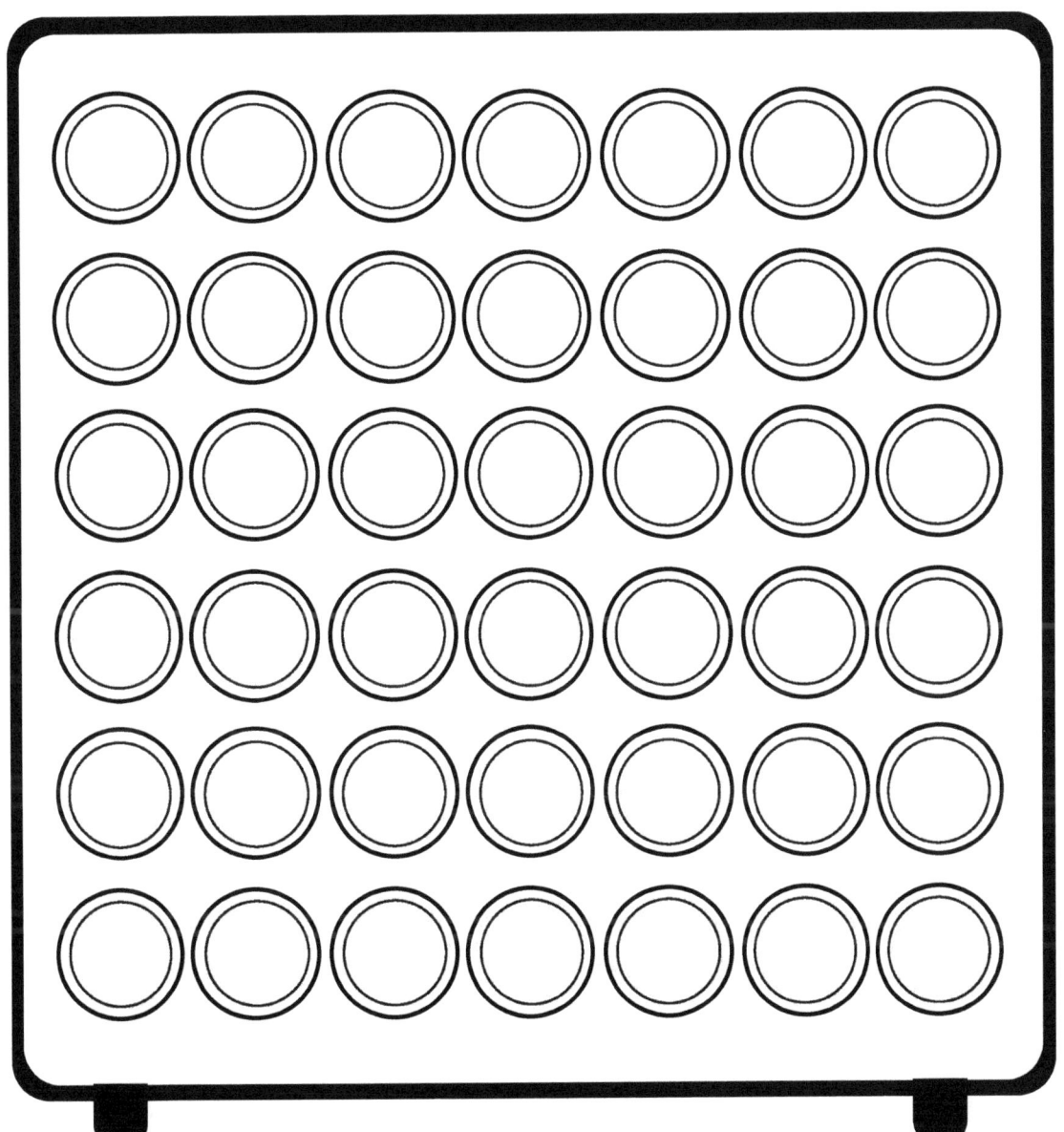

FOUR IN A ROW

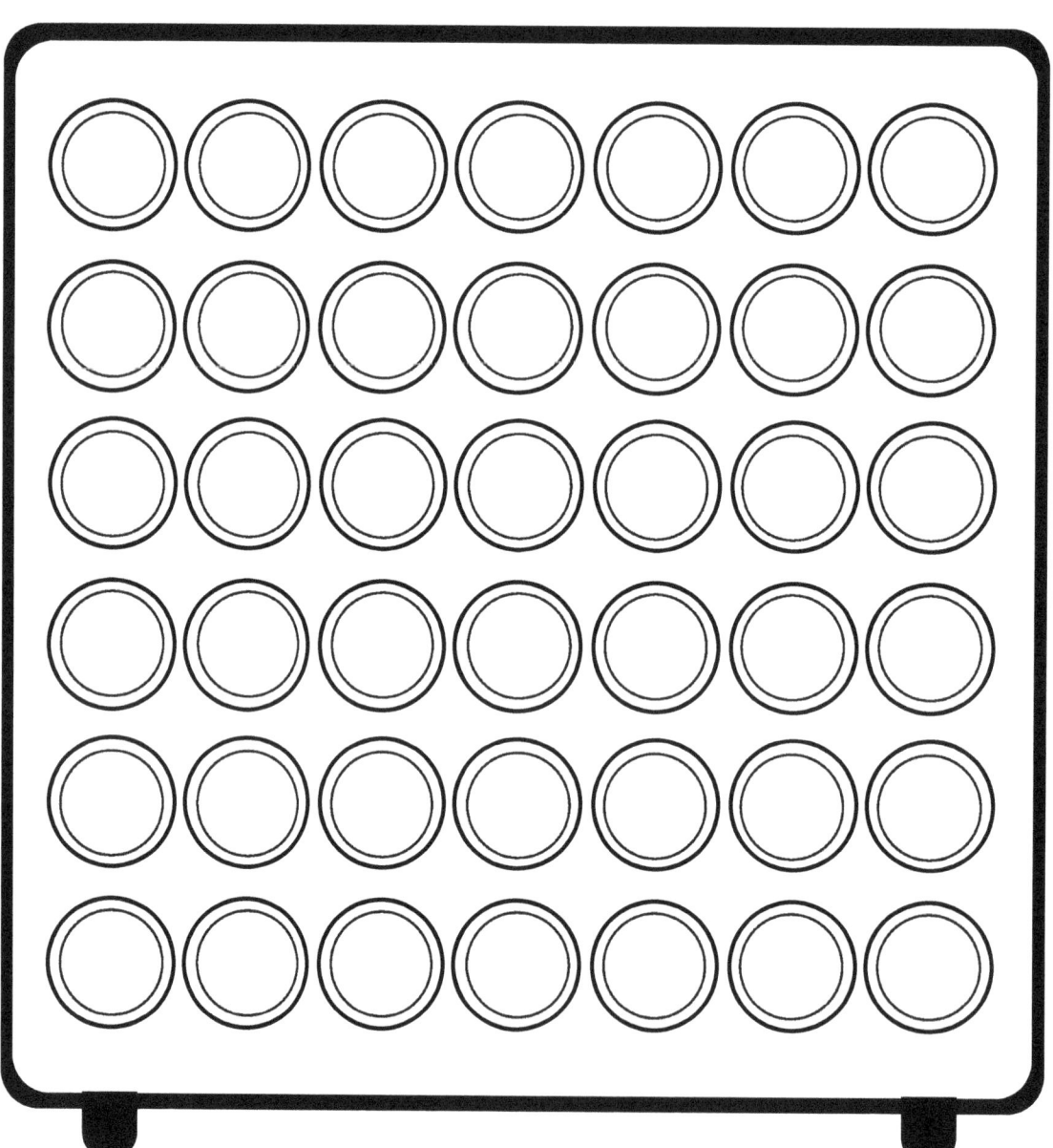

FOUR IN A ROW

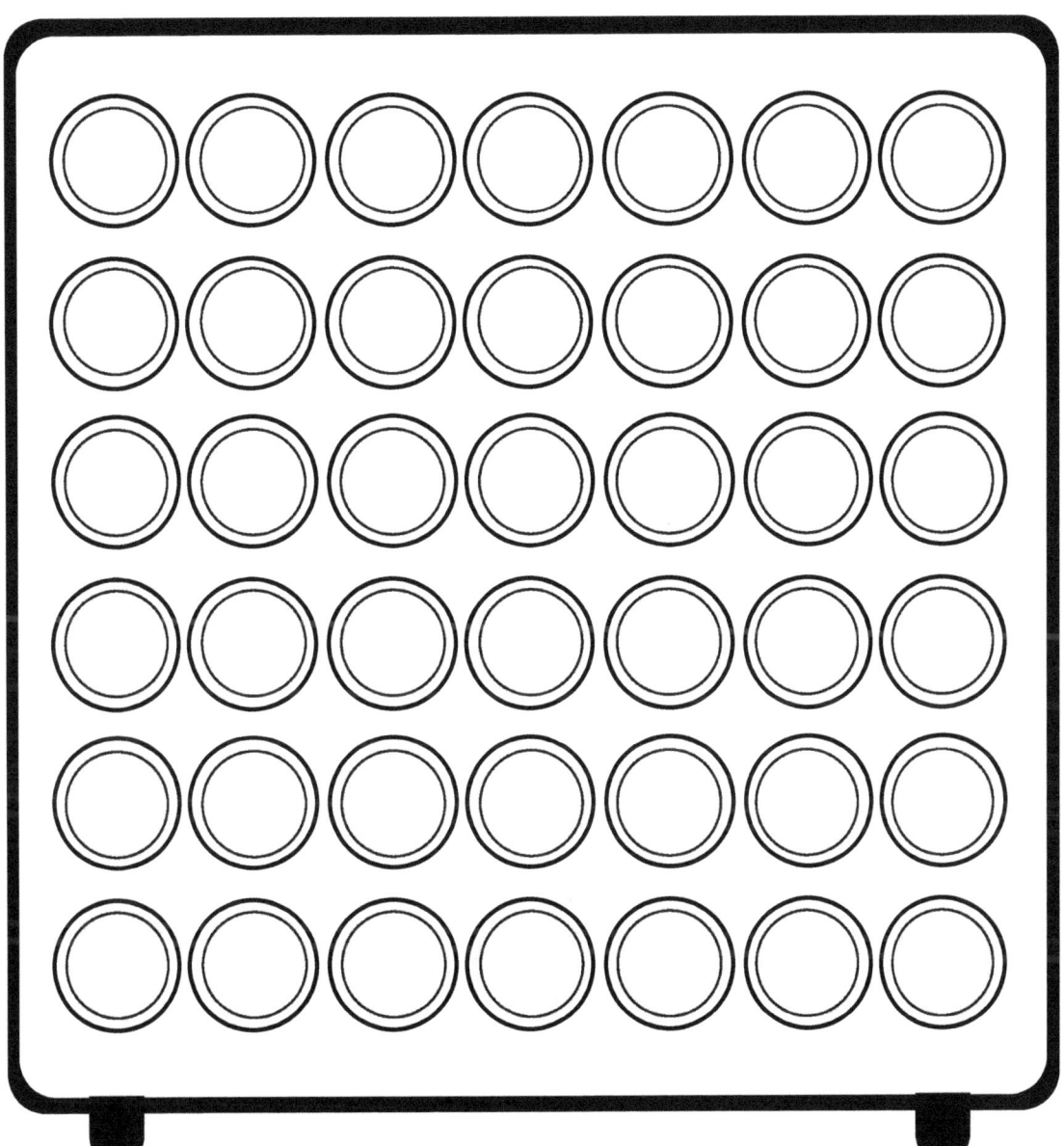

FOUR IN A ROW

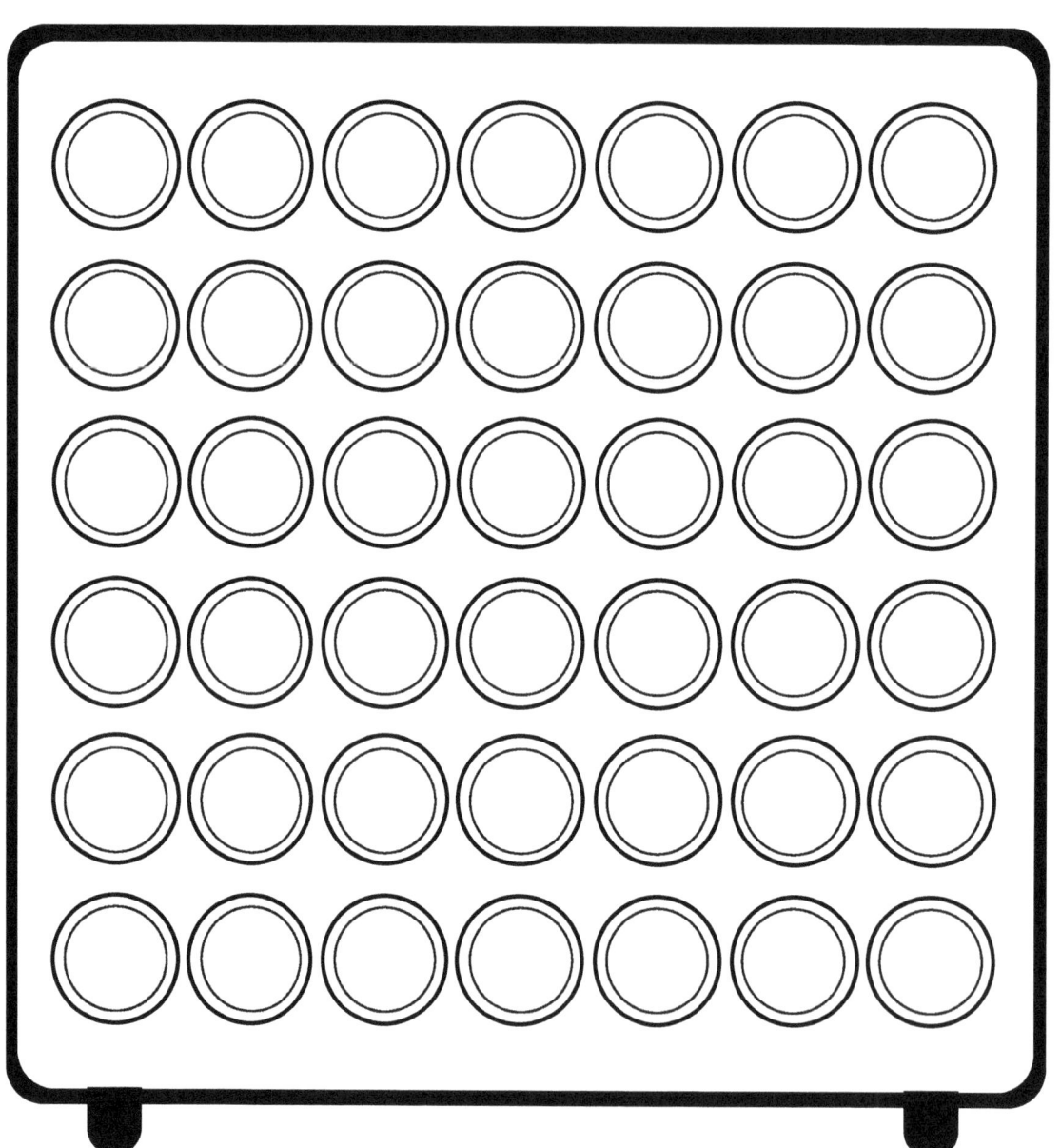

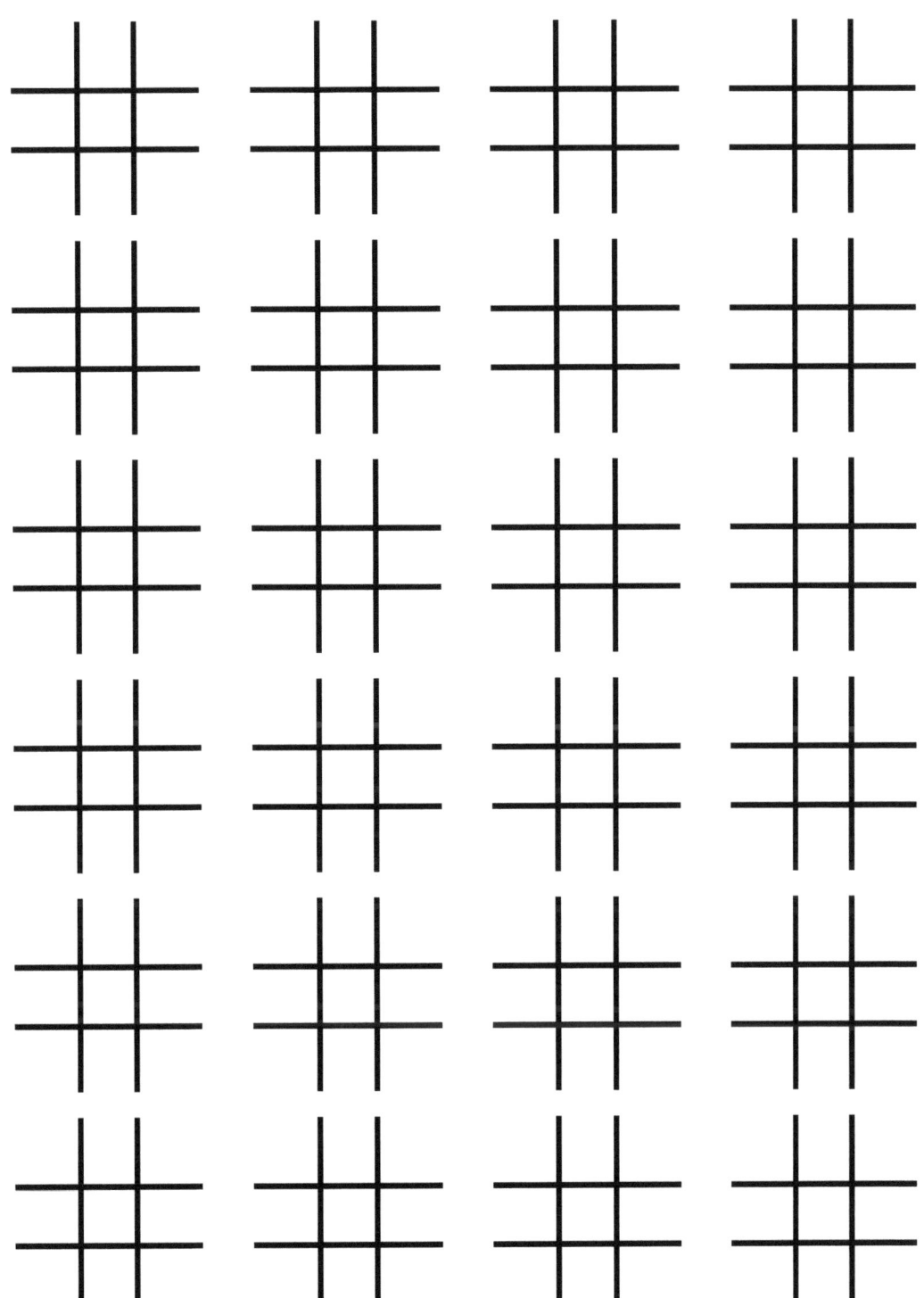

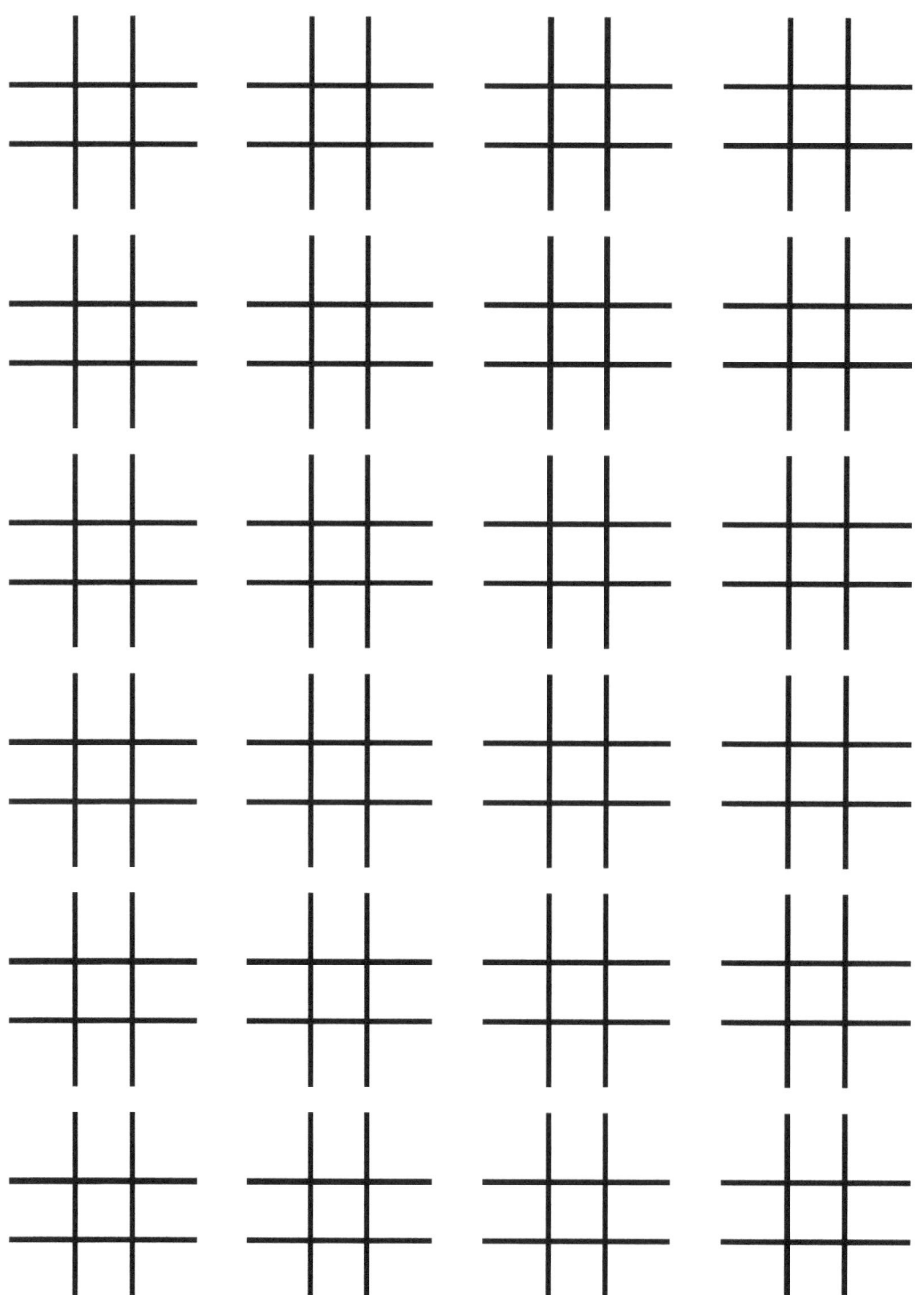

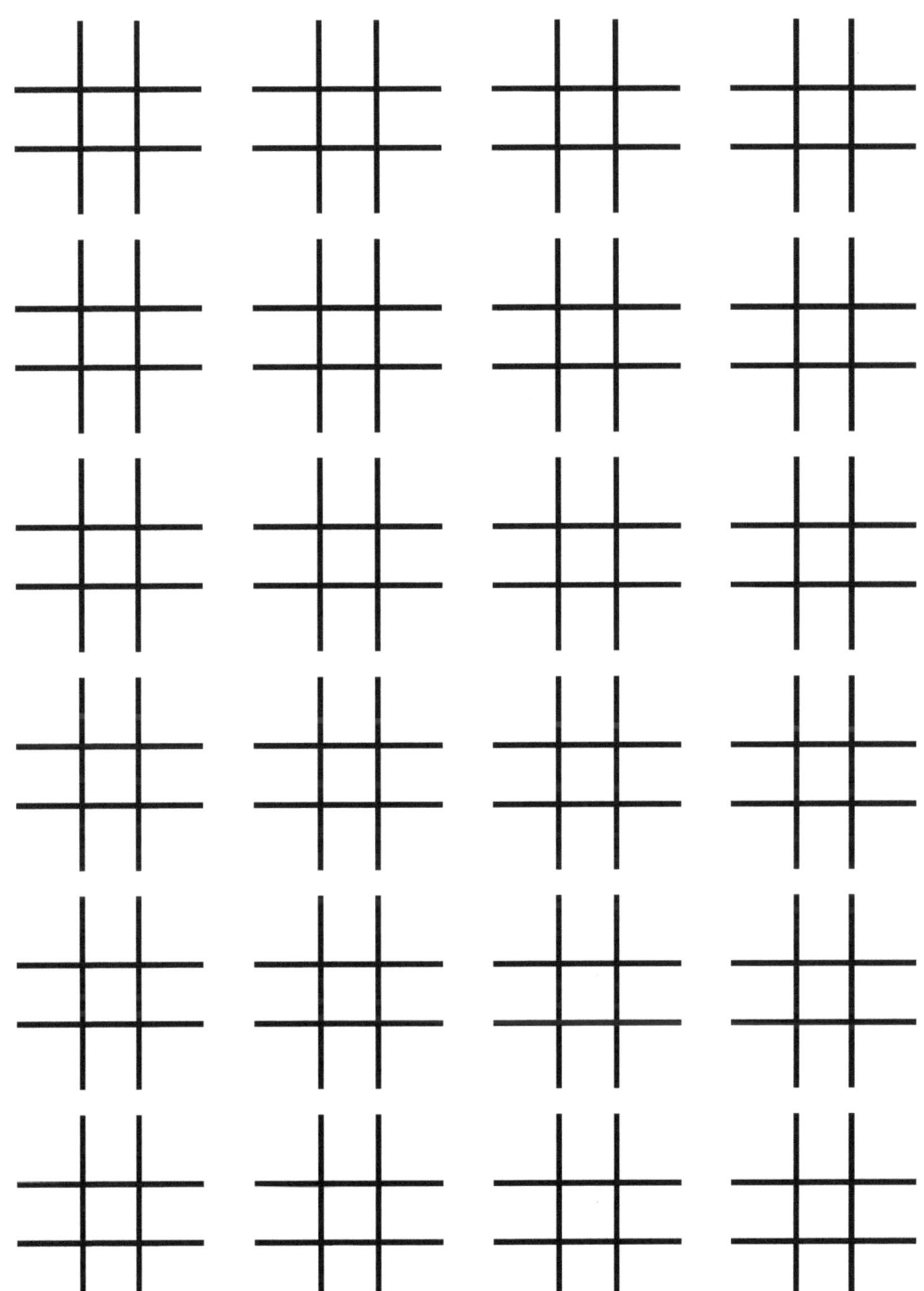

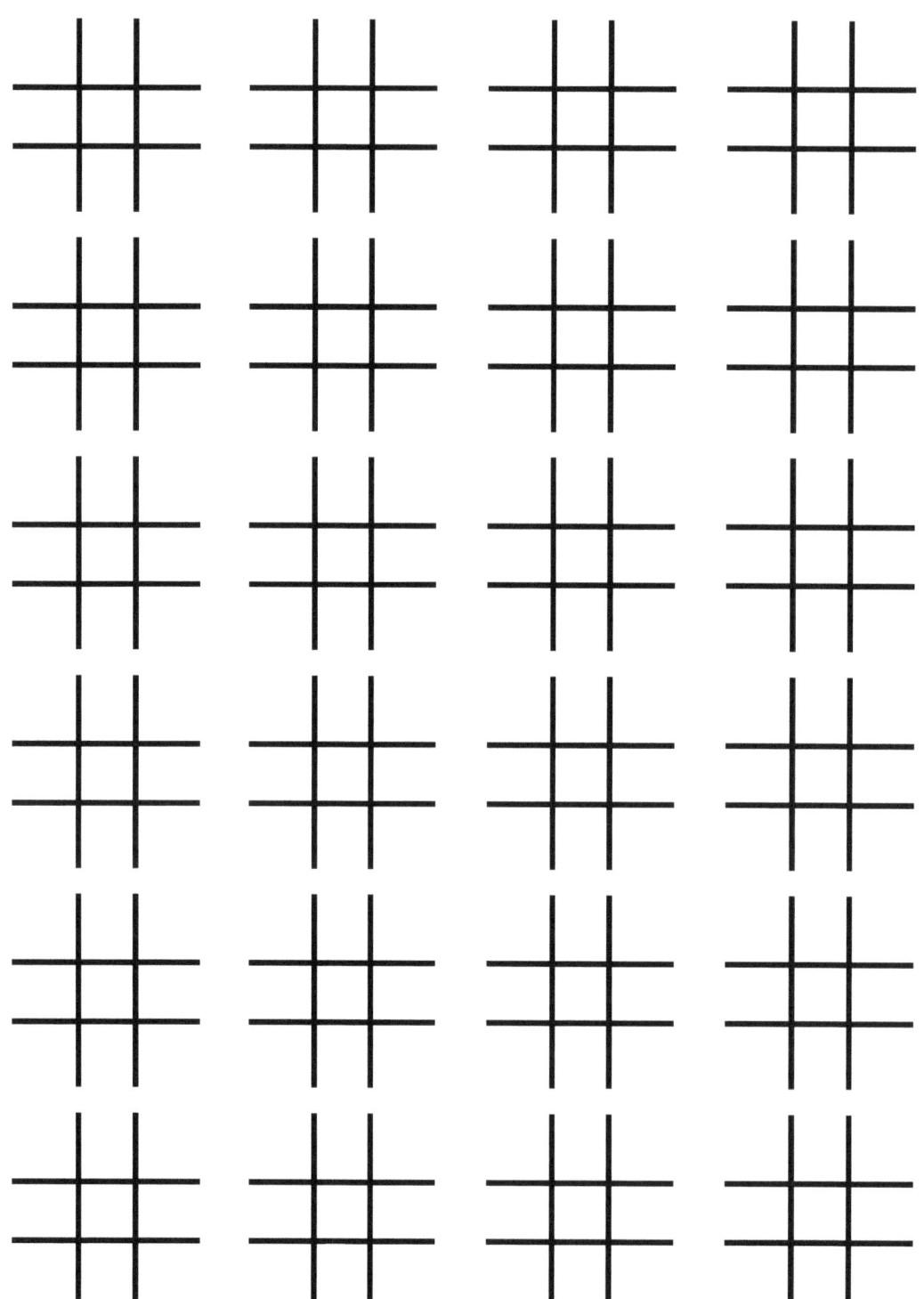

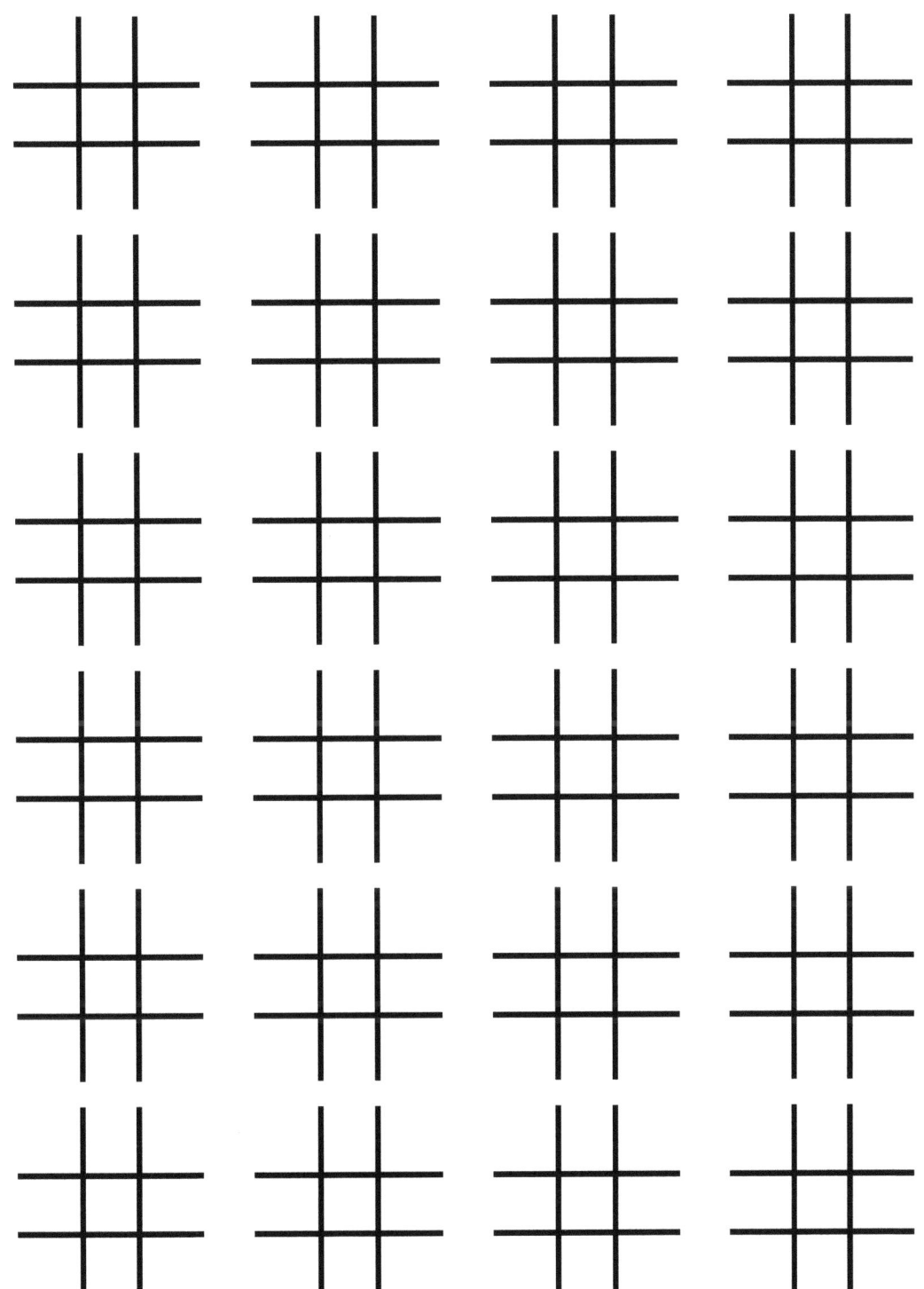

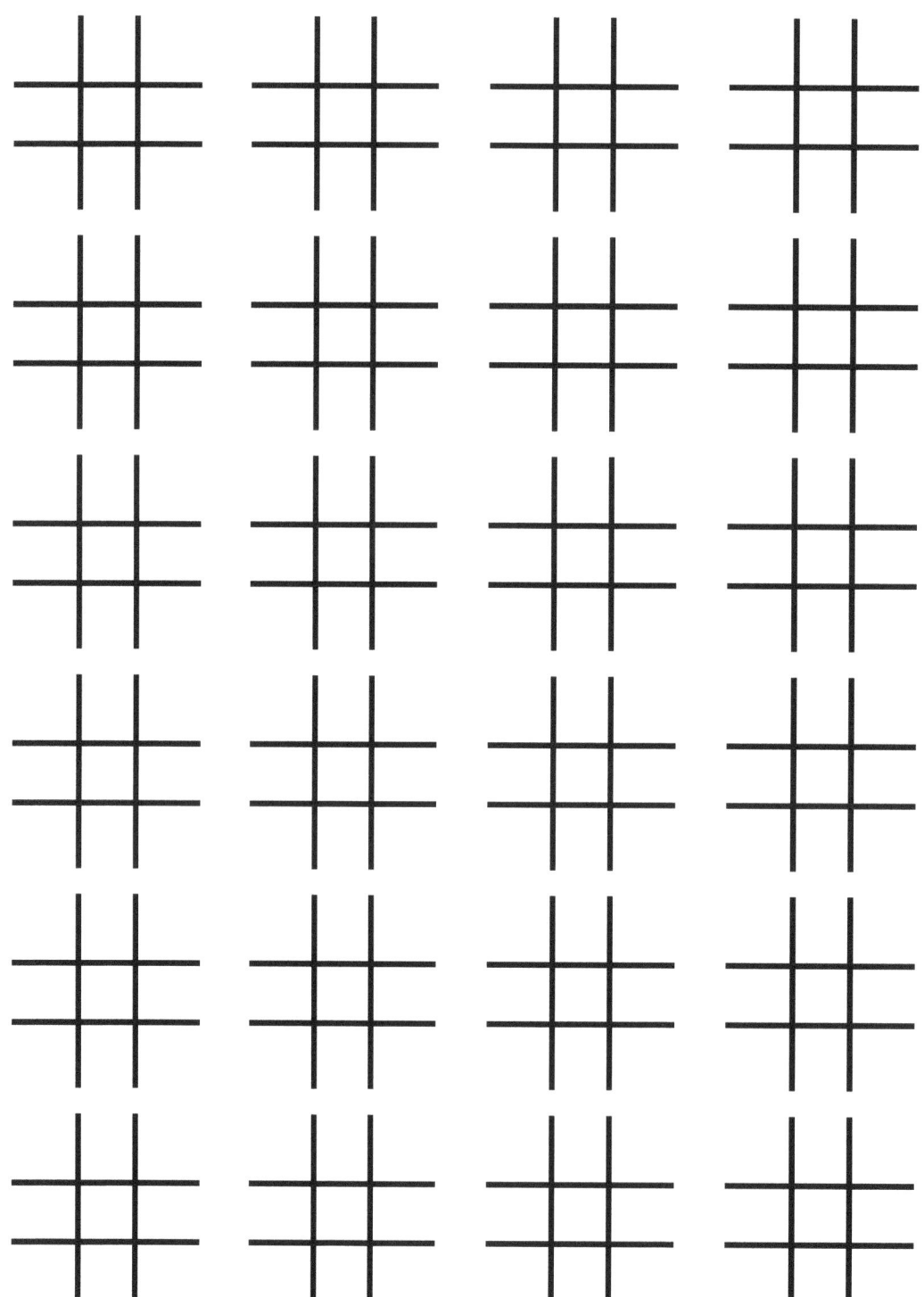

ABCDEFGHIJKLMN
OPQRSTUVWXYZ

- - - - - - - - - - - - - - - - - - - -

- - - - - - - - - - - - - - - - - - - -

- - - - - - - - - - - - - - - - - - - -

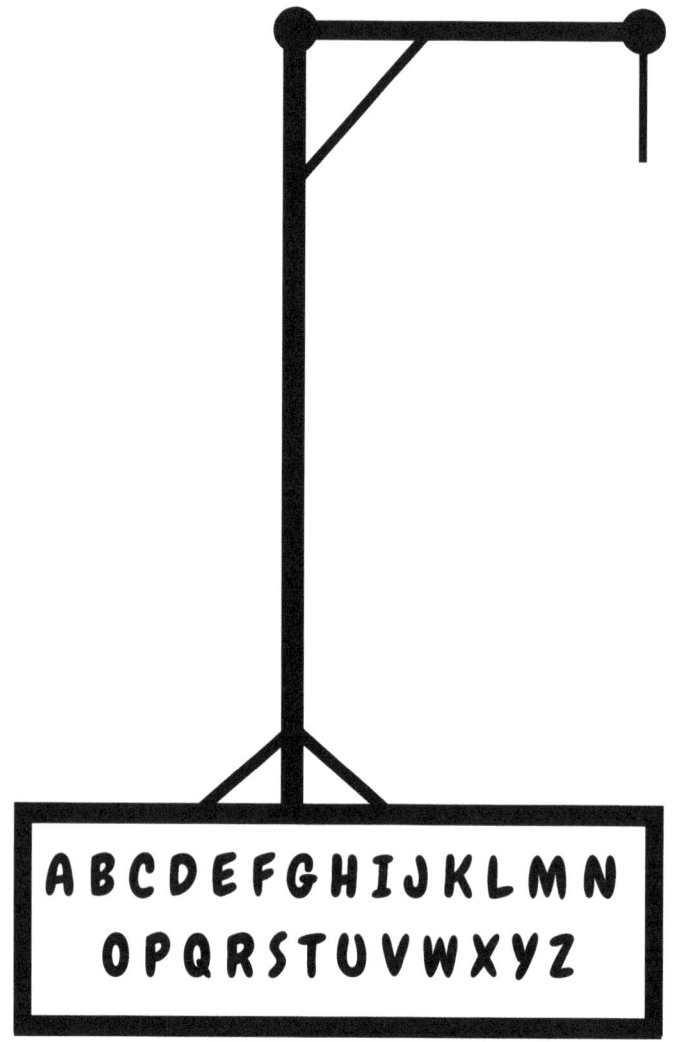

A B C D E F G H I J K L M N
O P Q R S T U V W X Y Z

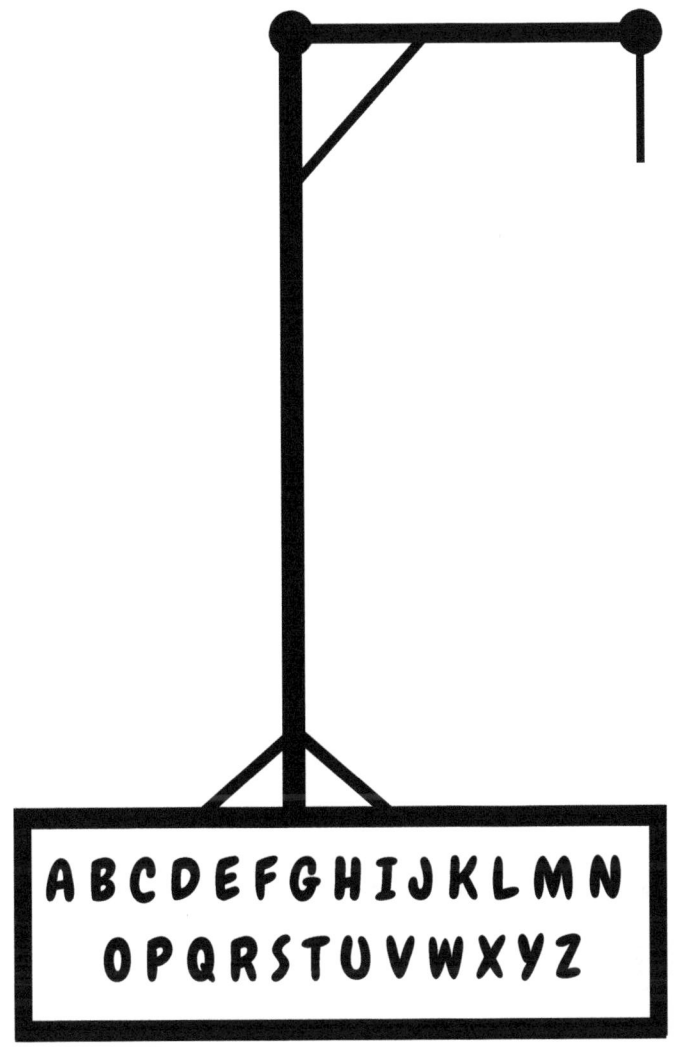

ABCDEFGHIJKLMN
OPQRSTUVWXYZ

- - - - - - - - - - - - - - - -

- - - - - - - - - - - - - - - -

- - - - - - - - - - - - - - - -

ABCDEFGHIJKLMN
OPQRSTUVWXYZ

_ _ _ _ _ _ _ _ _ _ _ _ _

_ _ _ _ _ _ _ _ _ _ _ _ _

_ _ _ _ _ _ _ _ _ _ _ _ _

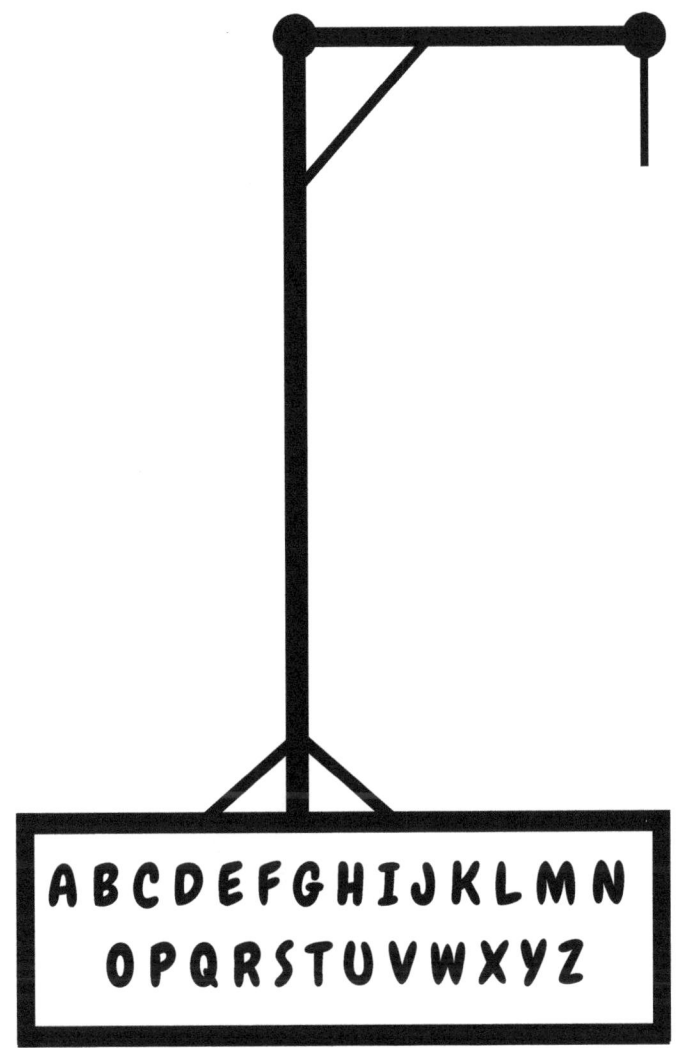

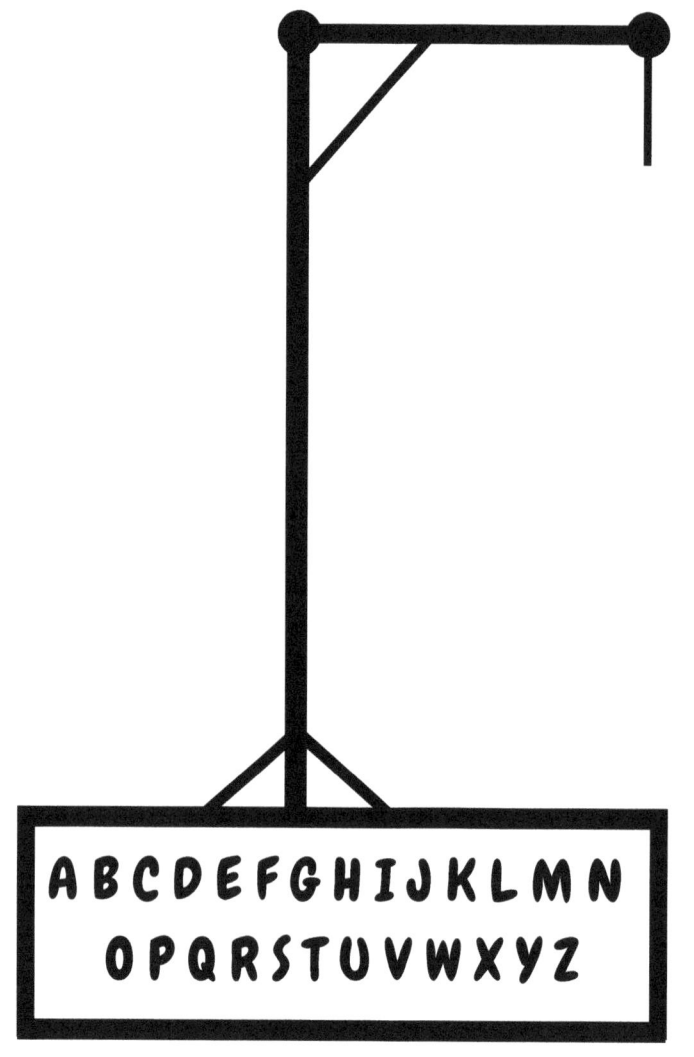

A B C D E F G H I J K L M N
O P Q R S T U V W X Y Z

- - - - - - - - - - - -

- - - - - - - - - - - -

- - - - - - - - - - - -

CONNECT THE DOTS

CONNECT THE DOTS

CONNECT THE DOTS

CONNECT THE DOTS

CONNECT THE DOTS

CONNECT THE DOTS

LABYRINTH

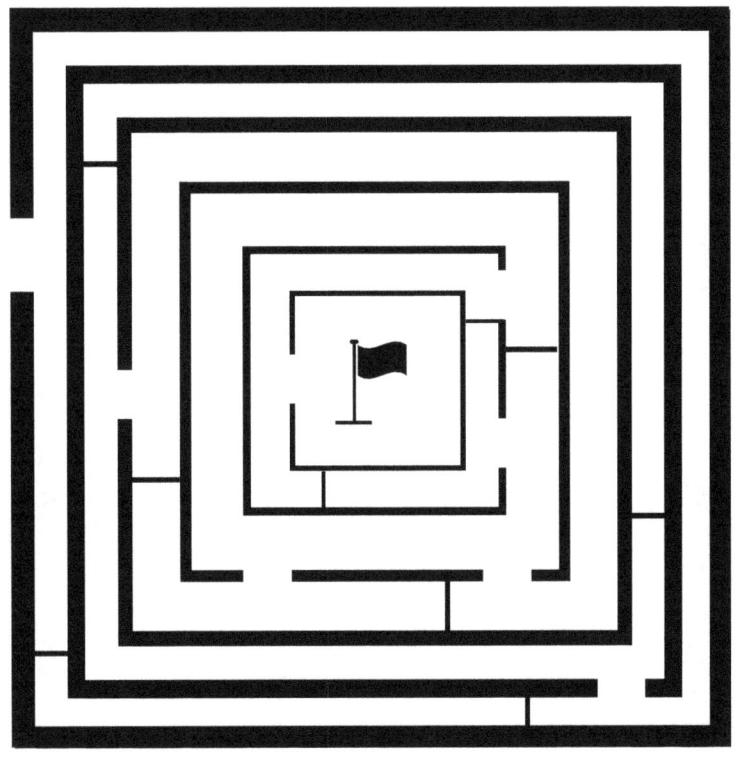

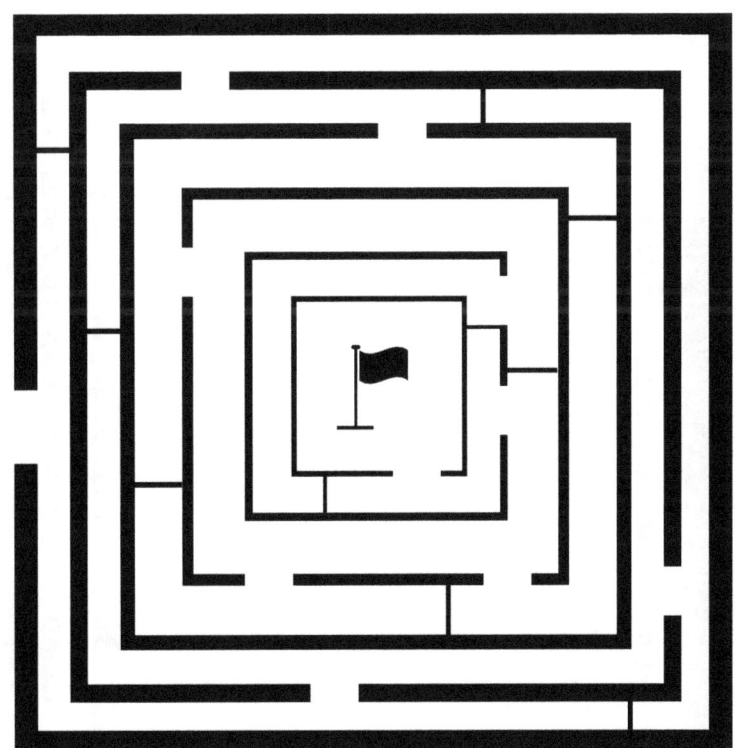

LABYRINTH

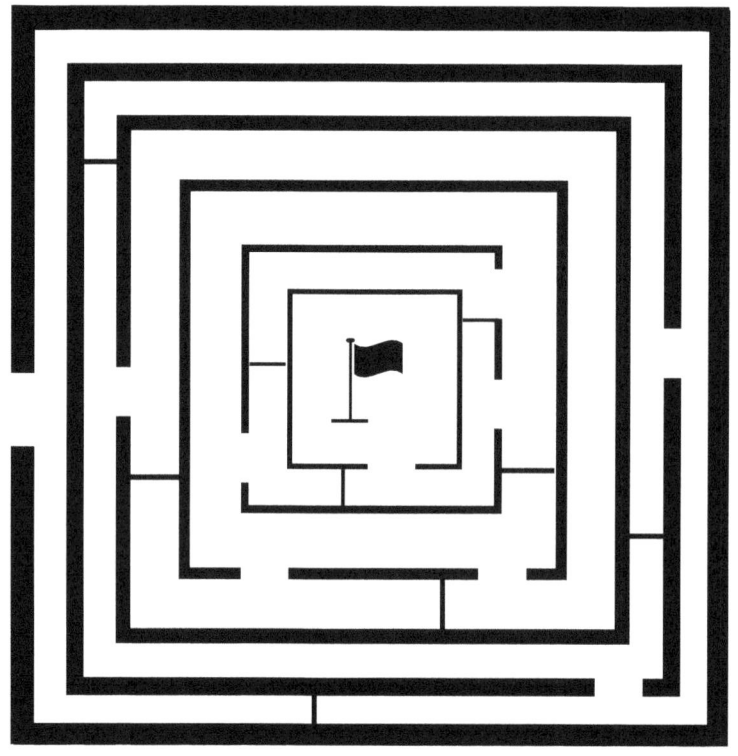

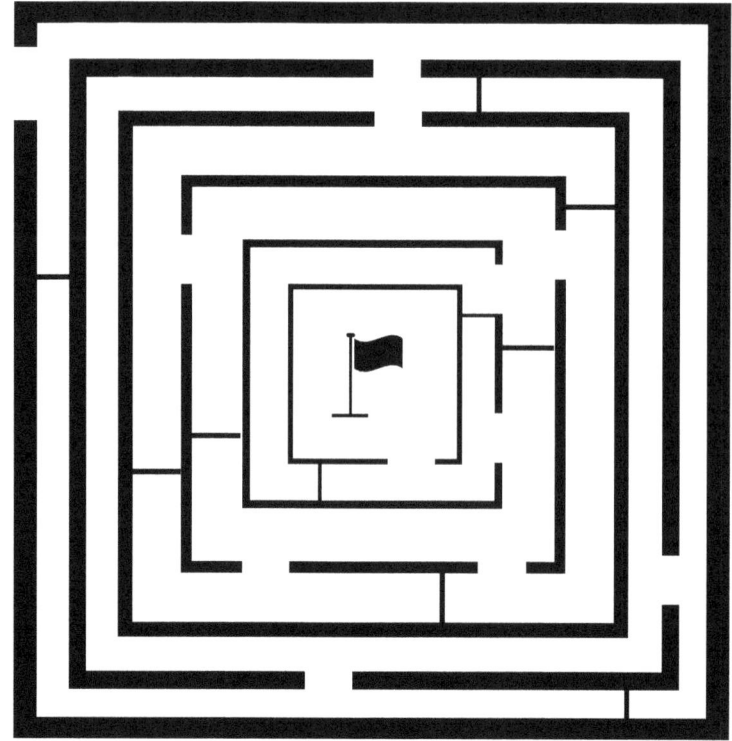

LABYRINTH

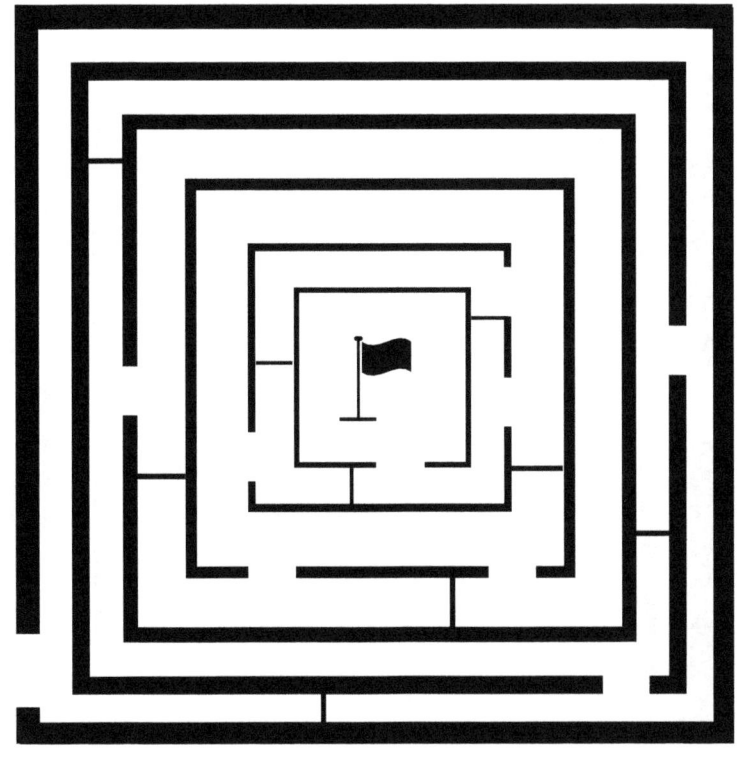

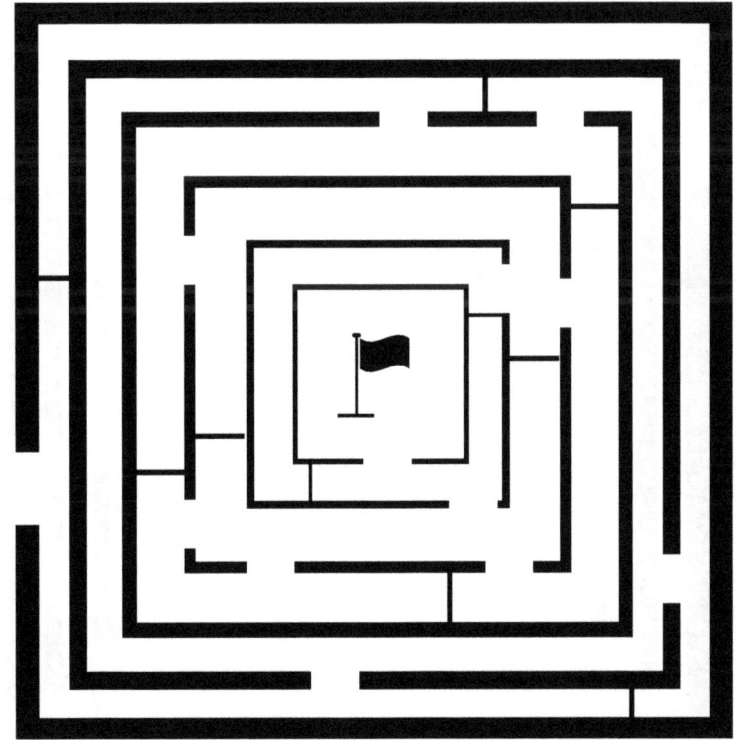

LABYRINTH

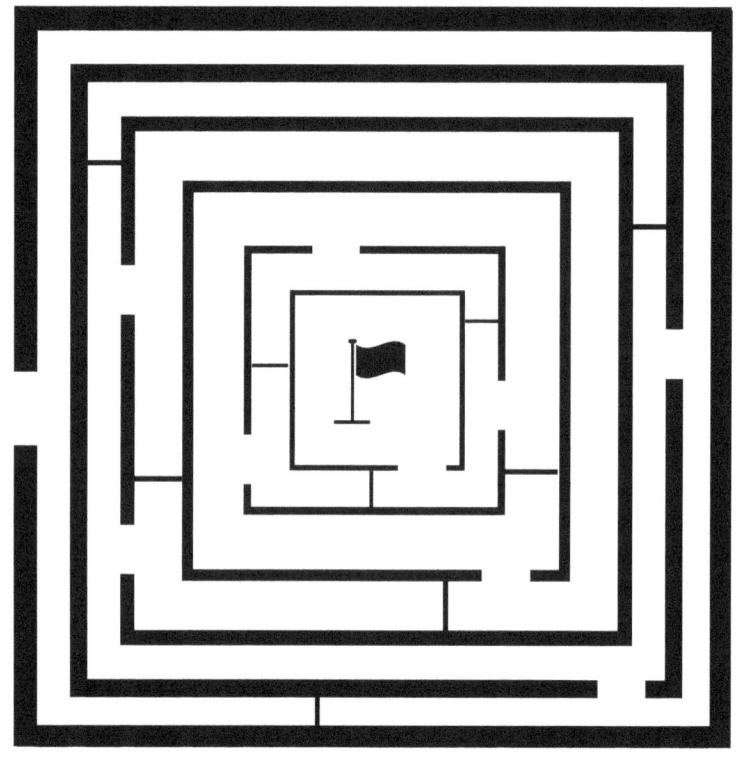

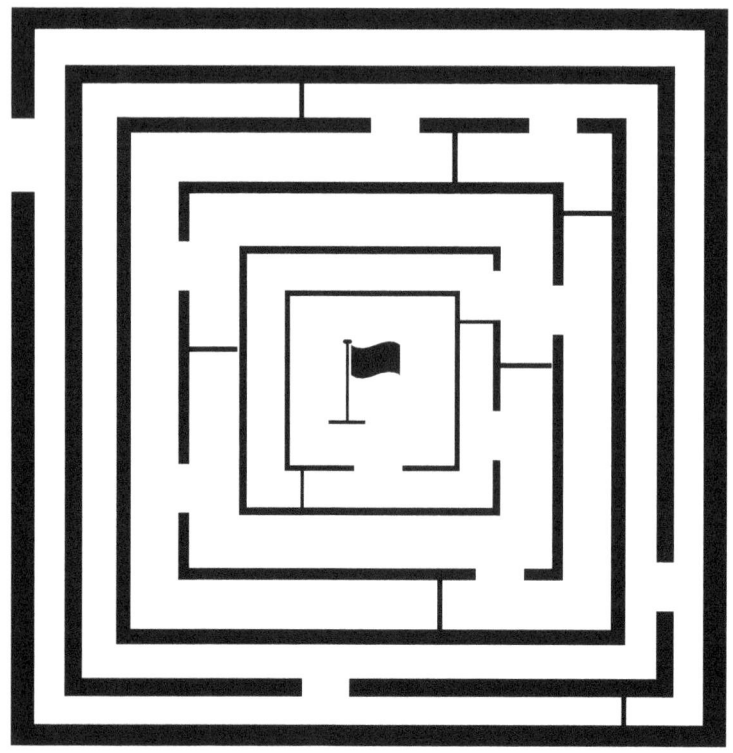

LABYRINTH

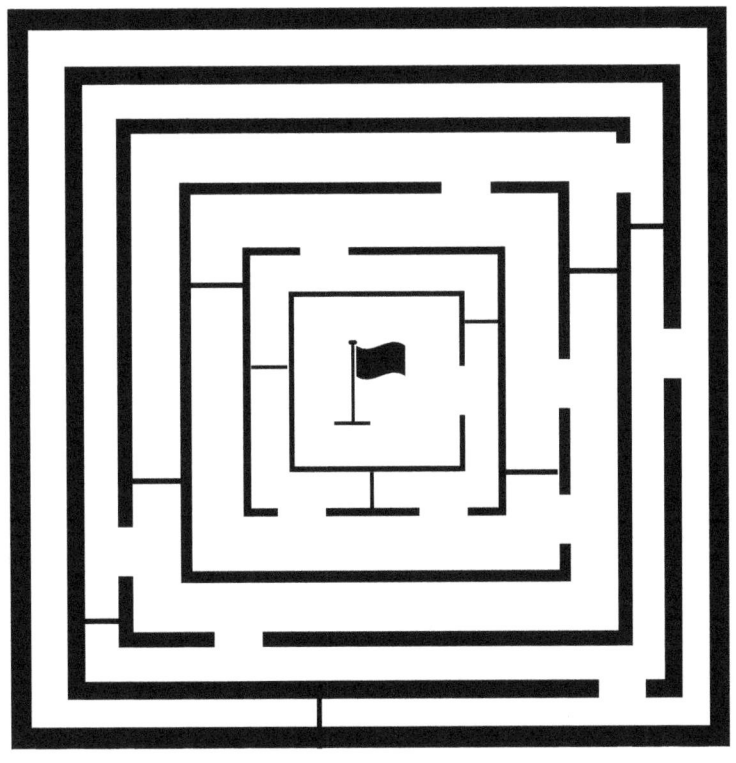

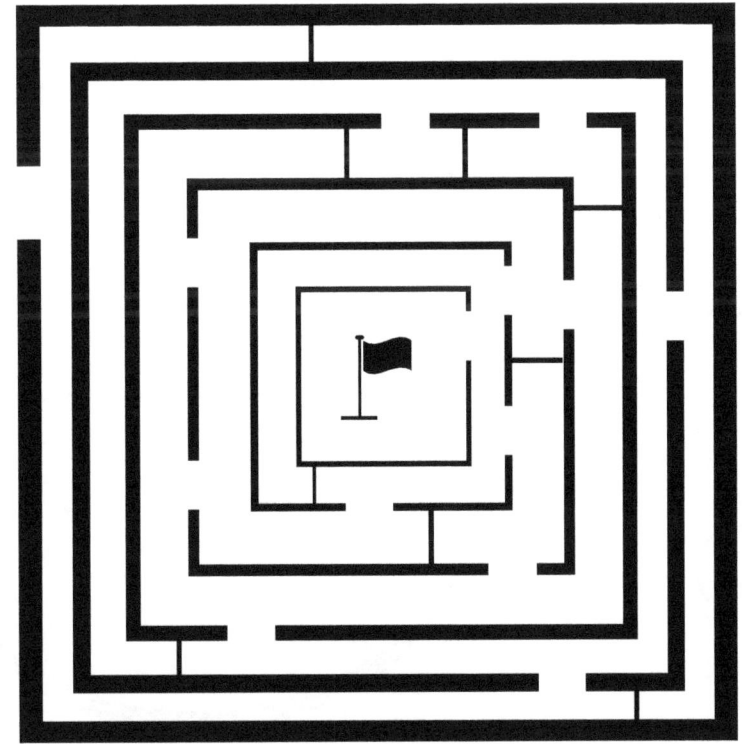

FIND THE SAME SIZE

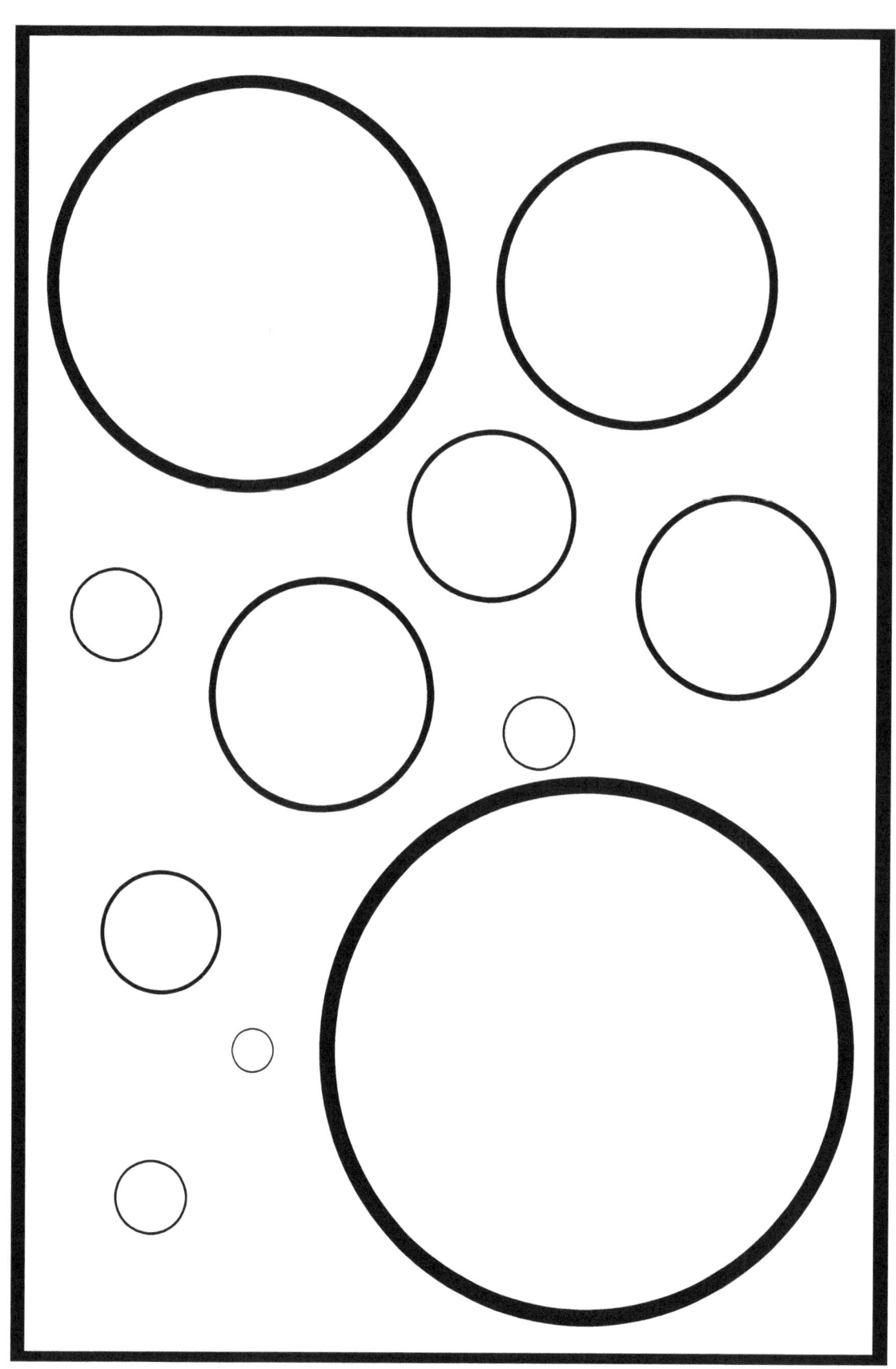

FIND THE SAME SIZE

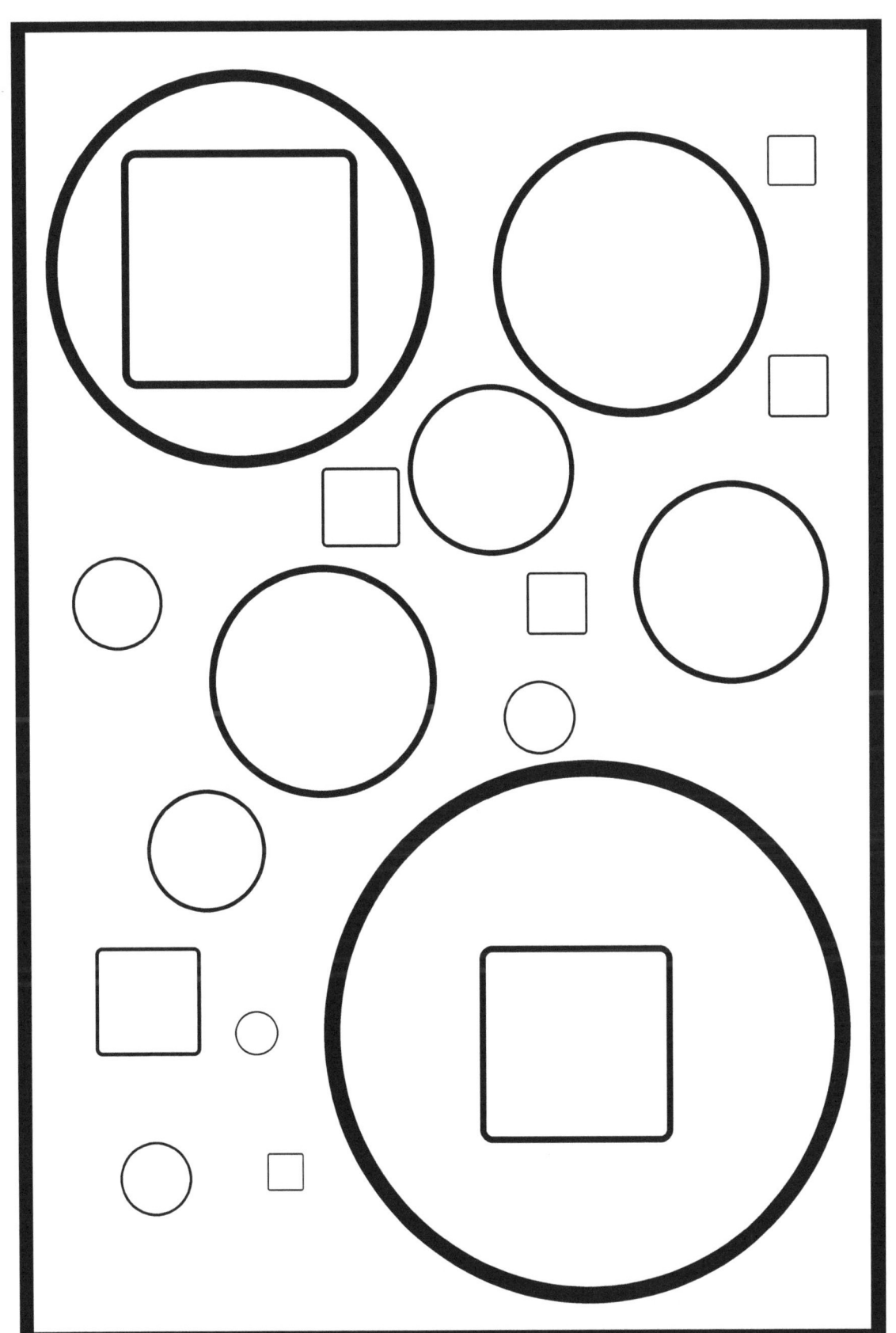

FIND THE SAME SIZE

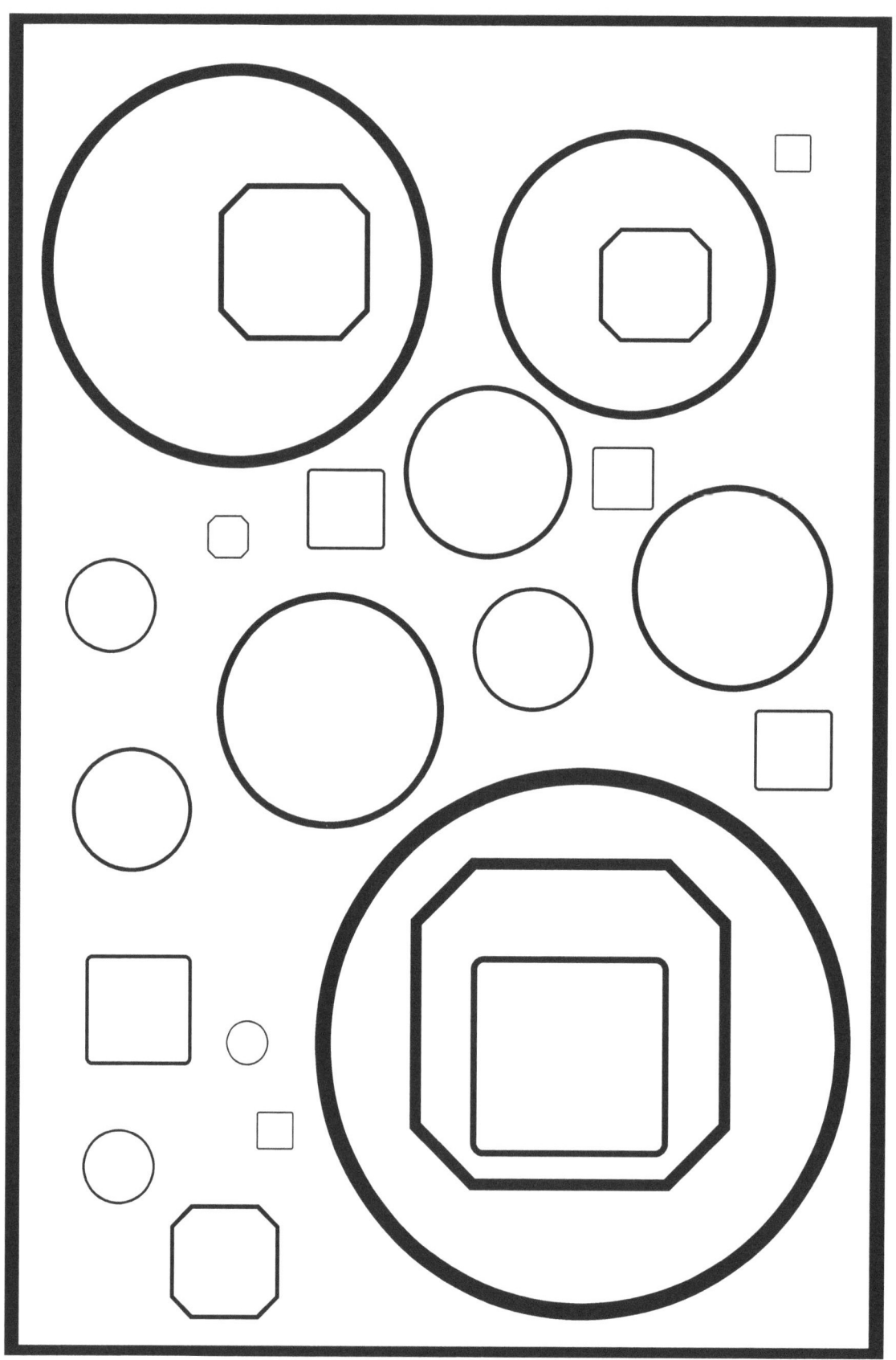

BATTLESHIP

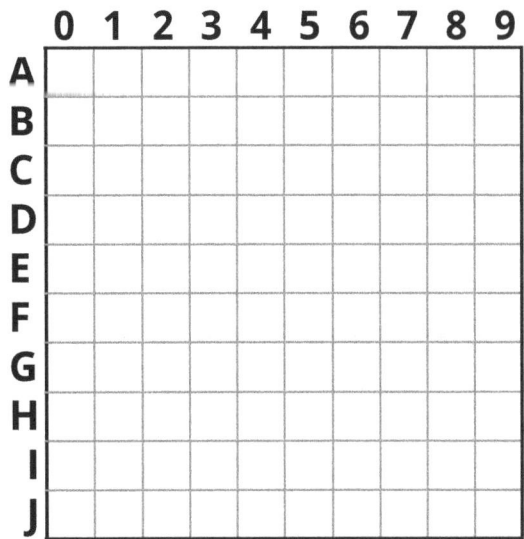

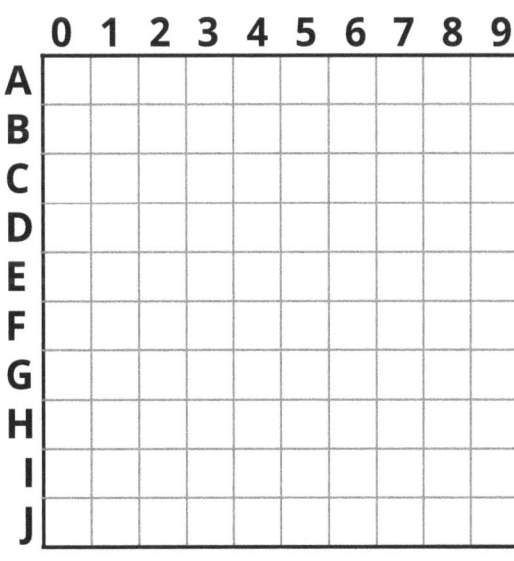

BATTLESHIP

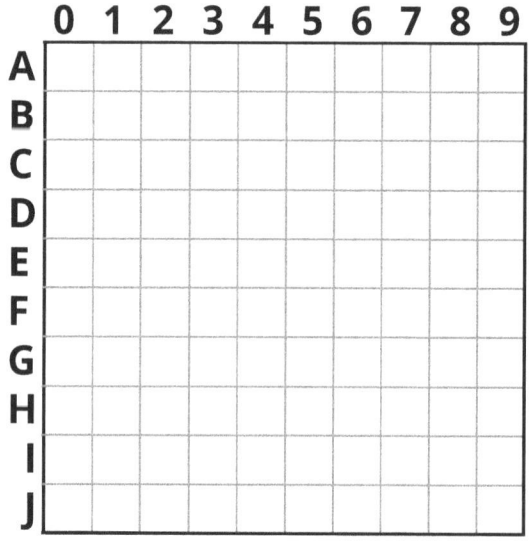

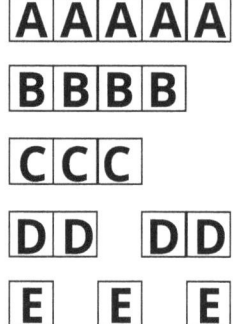

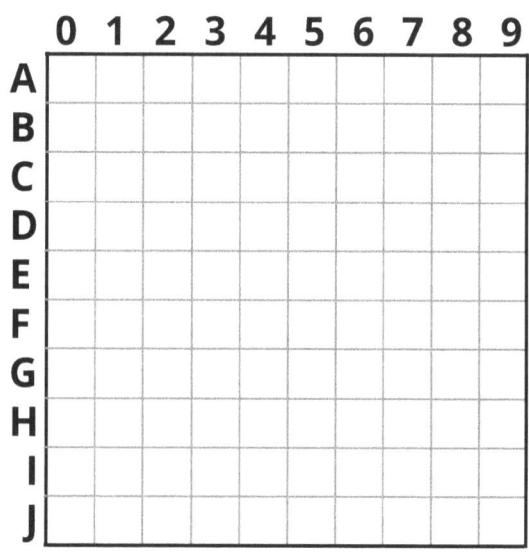

BATTLESHIP

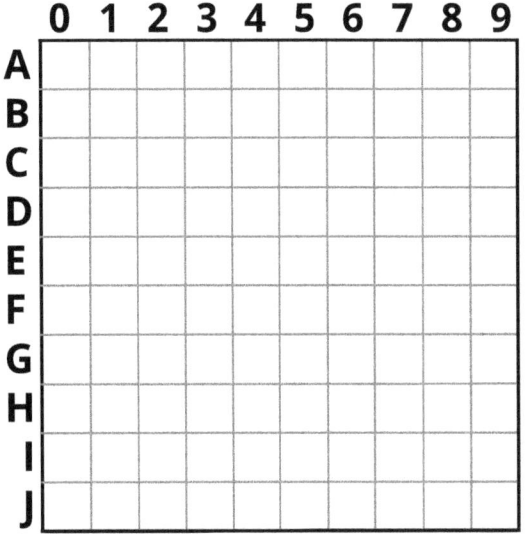

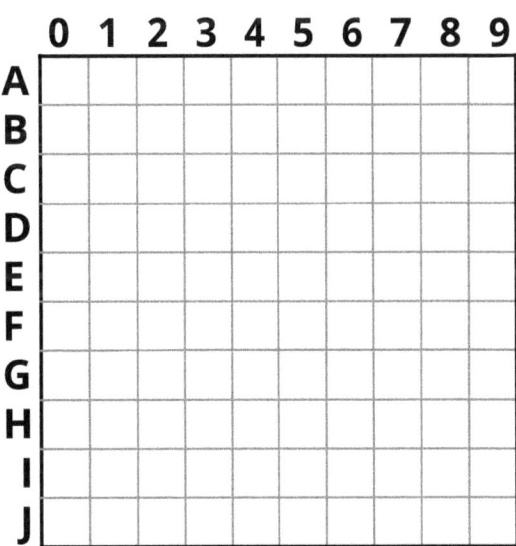

BATTLESHIP

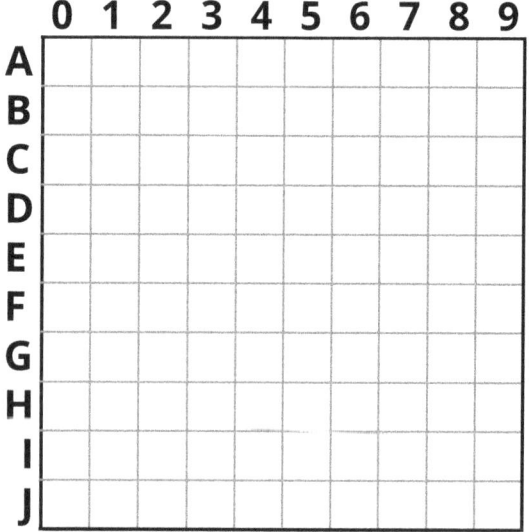

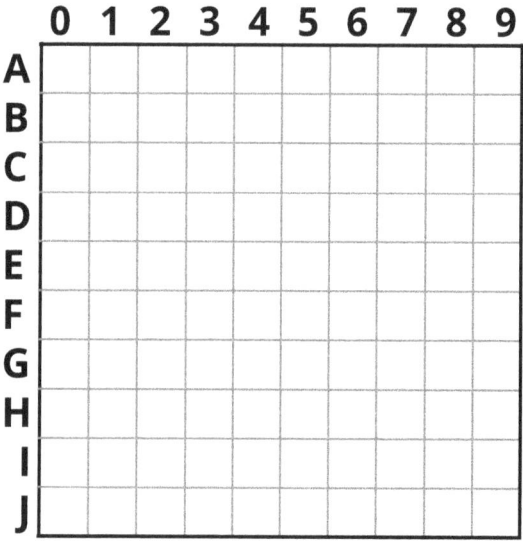

BATTLESHIP

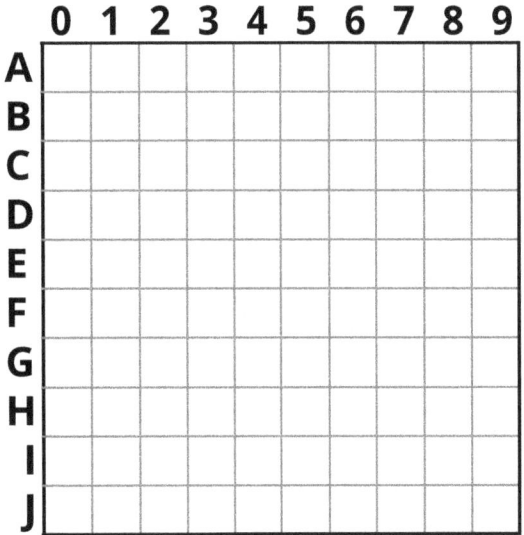

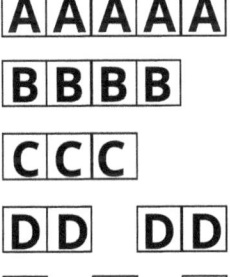

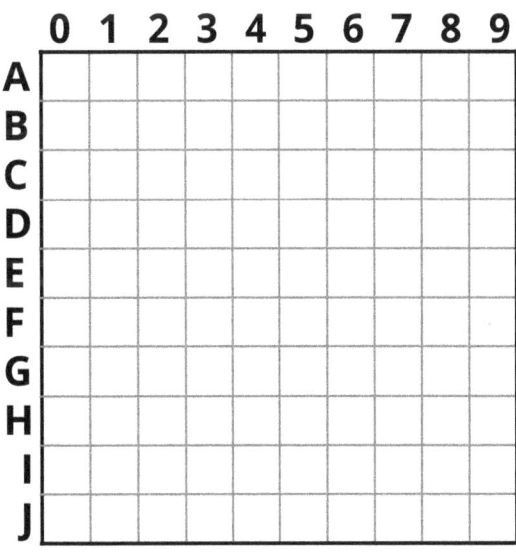

BATTLESHIP

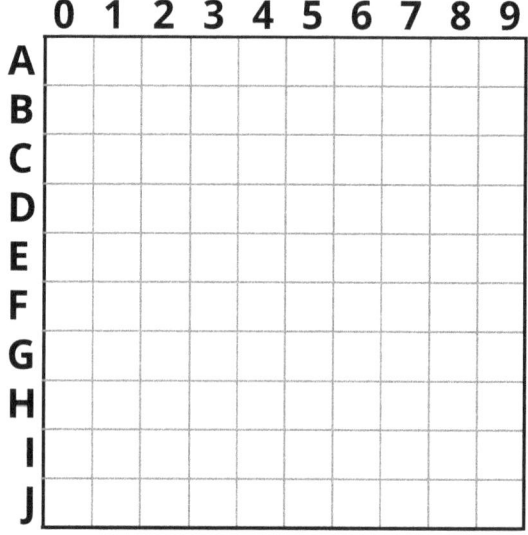

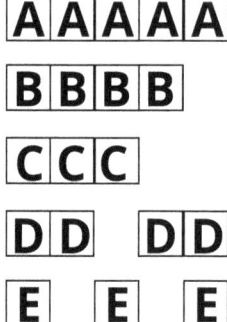

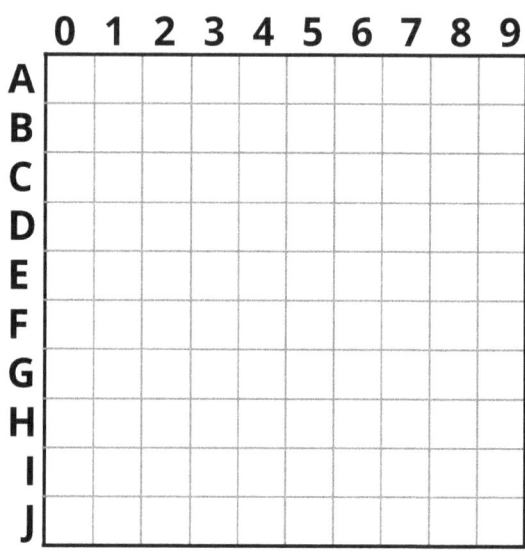

Lightning Source UK Ltd.
Milton Keynes UK
UKHW031120120620
364898UK00008B/230